PALEO RECEPTEK 2022

KÖNNYEN ELKÉSZÍTHETŐ RECEPTEK KEZDŐKNEK

ALEX BRAUN

Tartalomjegyzék

3

5

GRILLEZETT CSÍKOS STEAK APRÍTOTT GYÖKÉRZÖLDSÉG HASHÓVAL

KÉSZÍTMÉNY:20 perc állvány: 20 perc grill: 10 perc állvány: 5 perc készítés: 4 adag

A CSÍKOS STEAK TEXTÚRÁJA NAGYON LÁGY,ÉS A STEAK EGYIK OLDALÁN LÉVŐ KIS ZSÍRCSÍK ROPOGÓSSÁ ÉS FÜSTÖSSÉ VÁLIK A GRILLEN. AZ ÁLLATI ZSÍRRÓL VALÓ GONDOLKODÁSOM MEGVÁLTOZOTT AZ ELSŐ KÖNYVEM ÓTA. A PALEO DIET® ALAPELVEIHEZ VALÓ HŰSÉG ÉS A TELÍTETT ZSÍROK NAPI KALÓRIABEVITELÉNEK 10-15 SZÁZALÉKÁN BELÜLI TARTÁSA NEM NÖVELI A SZÍVBETEGSÉGEK KOCKÁZATÁT – SŐT, ENNEK AZ ELLENKEZŐJE IS IGAZ LEHET. AZ ÚJ INFORMÁCIÓK ARRA UTALNAK, HOGY AZ LDL-KOLESZTERINSZINT NÖVELÉSE VALÓBAN CSÖKKENTHETI A SZISZTÉMÁS GYULLADÁST, AMELY A SZÍVBETEGSÉG KOCKÁZATI TÉNYEZŐJE.

- 3 evőkanál extra szűz olívaolaj
- 2 evőkanál reszelt friss torma
- 1 teáskanál finomra vágott narancshéj
- ½ teáskanál őrölt kömény
- ½ teáskanál fekete bors
- 4 szelet steak (más néven felső karaj), kb 1 cm vastagra vágva
- 2 közepes paszternák, meghámozva
- 1 nagy édesburgonya, meghámozva
- 1 közepes fehérrépa, meghámozva
- 1 vagy 2 medvehagyma finomra vágva
- 2 gerezd fokhagyma, apróra vágva
- 1 evőkanál apróra vágott friss kakukkfű

1. Egy kis tálban keverj össze 1 evőkanál olajat, tormát, narancshéjat, köményt és ¼ teáskanál borsot. Spread keveréket steak; fedjük le és hagyjuk állni szobahőmérsékleten 15 percig.

2. Ezalatt a hashhoz a paszternákot, az édesburgonyát és a fehérrépát dobozos reszelővel vagy aprítópengével ellátott konyhai robotgéppel felaprítjuk. Helyezze a felaprított zöldségeket egy nagy tálba; Adjunk hozzá medvehagymát. Egy kis tálban keverje össze a maradék 2 evőkanál olajat, a maradék ¼ teáskanál borsot, a fokhagymát és a kakukkfüvet. csepegtessük a zöldségekre; összeforgatjuk, hogy alaposan összekeverjük. Hajtson félbe egy 36 × 18 hüvelykes nehéz fóliadarabot, hogy dupla vastagságú, 18 × 18 hüvelykes fóliát hozzon létre. Helyezze a zöldségkeveréket a fólia közepére. Rögzítse a fólia ellentétes széleit, és dupla hajtással zárja le. Hajtsa fel a maradék széleket, hogy teljesen bezárja a zöldségeket, és hagyjon helyet a gőznek.

3. Faszén- vagy gázgrill esetén helyezze a steakeket és fóliás csomagokat közvetlenül a sütőrácsra közepesen magas hőfokon. Fedje le a steakeket, és grillezze 10–12 percig közepesen ritka (145 °F) vagy 12–15 percig közepesen (160 °F). A főzés felénél forgassa meg egyszer. Grill csomagot 10-15 percig, vagy amíg a zöldségek megpuhulnak. Hagyja állni a steakeket 5 percig, amíg a zöldségek elkészülnek. Osszuk el a növényi hash-t négy tálalótányér között; Tetejét steakekkel.

ÁZSIAI MARHAHÚS ÉS ZÖLDSÉGKEVERÉK

KÉSZÍTMÉNY:30 perc főzés: 15 perc készítés: 4 adag

A FIVE SPICE POWDER EGY SÓMENTES FŰSZERKEVERÉKSZÉLES KÖRBEN HASZNÁLJÁK A KÍNAI KONYHÁBAN. EGYENLŐ ARÁNYBAN ŐRÖLT FAHÉJBÓL, SZEGFŰSZEGBŐL, ÉDESKÖMÉNYMAGBÓL, CSILLAGÁNIZSBÓL ÉS SZÉCHWANI BORSBÓL KÉSZÜL.

- 1½ font csont nélküli marhabélszín vagy kerek steak marhahús nélkül, 1 hüvelyk vastagra szeletelve
- 1½ teáskanál öt fűszerpor
- 3 evőkanál finomított kókuszolaj
- 1 kis vöröshagyma vékony szeletekre vágva
- 1 kis csokor spárga (körülbelül 12 uncia), vágva és 3 hüvelykes darabokra vágva
- 1½ csésze narancssárga és/vagy sárga sárgarépa, juliened
- 4 gerezd fokhagyma apróra vágva
- 1 teáskanál finomra vágott narancshéj
- ¼ csésze friss narancslé
- ¼ csésze marhahús csontleves (lásdrecept) vagy marhahúsleves hozzáadott só nélkül
- ¼ csésze fehér ecet
- ¼-½ teáskanál törött pirospaprika
- 8 csésze durvára aprított napa káposzta
- ½ csésze sózatlan, reszelt mandula vagy sótlan kesudió, durvára vágva, pirítva (lásd Tipp, 57. oldal)

1. Kívánt esetben a marhahúst részben fagyassza le a könnyebb szeleteléshez (kb. 20 perc). A marhahúst nagyon vékony szeletekre vágjuk. Egy nagy tálban

keverje össze a marhahúst és az öt fűszerport. Egy nagy wokban vagy egy extra nagy serpenyőben melegíts fel 1 evőkanál kókuszolajat közepesen magas lángon. Adjuk hozzá a marhahús felét; főzzük és keverjük 3-5 percig, vagy amíg barna nem lesz. Helyezze a marhahúst egy tálba. Ismételje meg a maradék marhahússal és további 1 evőkanál olajjal. Adja hozzá a marhahúst a tálba a másik főtt marhahúshoz.

2. Ugyanabban a wokban adjuk hozzá a maradék 1 evőkanál olajat. adjunk hozzá hagymát; forraljuk fel és keverjük 3 percig. Adjunk hozzá spárgát és sárgarépát; főzzük és keverjük 2-3 percig, vagy amíg a zöldség ropogósra megpuhul. Adjunk hozzá fokhagymát; főzzük és keverjük további 1 percig.

3. A szószhoz egy kis tálban összedolgozzuk a narancshéjat, a narancslevet, a marhacsontlevest, az ecetet és a törött pirospaprikát. Adja hozzá a szószt és az összes marhahúst a levével egy tálban a wokban lévő zöldségekhez. Főzzük és keverjük 1-2 percig, vagy amíg át nem melegszik. Egy lyukas kanál segítségével adjunk hozzá marhahúsos zöldségeket egy nagy tálba. Fedjük le, hogy melegen tartsuk.

4. Főzzük a szószt fedő nélkül közepes-magas lángon 2 percig. Adjunk hozzá káposztát; főzzük és keverjük 1-2 percig, vagy amíg a káposzta éppen megfonnyad. Osszuk el a káposztát és az összes főzőlevet négy tányéron. A tetejét egyenletesen marhahús keverékkel. Megszórjuk dióval.

CÉDRUS FILÉ ÁZSIAI SLATHERREL ÉS SLAW-VAL

ÁZTATÁS:1 óra Elkészítés: 40 perc Grill: 13 perc Állvány: 10 perc Elkészítés: 4 adag.

A NAPA KÁPOSZTÁT NÉHA KÍNAI KÁPOSZTÁNAK IS NEVEZIK.GYÖNYÖRŰ, KRÉMSZÍNŰ LEVELEI ÉLÉNK SÁRGÁSZÖLD HEGYEKKEL. FINOM, NYÁJAS ÍZE ÉS ÁLLAGA – NAGYON KÜLÖNBÖZIK A KEREK KÁPOSZTA VIASZOS LEVELEITŐL –, ÉS NEM MEGLEPŐ MÓDON TERMÉSZETES AZ ÁZSIAI STÍLUSÚ ÉTELEKBEN.

1 nagy cédrus tábla

¼ uncia szárított shiitake gomba

¼ csésze dióolaj

2 teáskanál apróra vágott friss gyömbér

2 teáskanál őrölt pirospaprika

1 teáskanál őrölt szecssáni bors

¼ teáskanál ötfűszer por

4 gerezd fokhagyma apróra vágva

4 4-5 uncia marhabélszín steak, ¾-1 hüvelyk vastagra szeletelve

Ázsiai káposztasaláta (lásdrecept, lent)

1. Tegye vízbe a grilldeszkát; súlyt és áztassa legalább 1 órán át.

2. Közben az ázsiai slatherhez öntsünk forrásban lévő vizet a szárított shiitake gombára egy kis tálban. Hagyja 20 percig rehidratálódni. A gombát lecsöpögtetjük, és konyhai robotgépbe tesszük. Adjuk hozzá a dióolajat, a gyömbért, a törött pirospaprikát, a szemes szecsuáni

borsot, az ötfűszerport és a fokhagymát. Fedjük le, és addig dolgozzuk, amíg a gombák fel nem törnek, és a hozzávalók össze nem keverednek. félretesz.

3. Ürítse le a grilldeszkát. Faszén grill esetén közepesen forró szenet helyezzen el a grill kerülete mentén. Helyezze a deszkát közvetlenül a parázsra a főzőrácsra. Fedjük le és grillezzük 3-5 percig, vagy amíg a deszka recsegni és füstölni kezd. Helyezze a steakeket közvetlenül a parázsra a sütőrácson. Grill 3-4 percig, vagy amíg meg nem pirul. Tegye át a steakeket a deszkára, sült felükkel felfelé. Helyezze a deszkát a grill közepére. Oszd meg az Asian Slathert a steakek között. Fedjük le, és grillezzük 10-12 percig, vagy amíg a steakbe vízszintesen behelyezett azonnali leolvasású hőmérő 130°F-ot nem mutat. (Gázgrillnél melegítse elő a grillt. Csökkentse a hőt közepes-alacsonyra. Helyezze a lecsepegtetett deszkát a sütőrácsra; fedjük le és grillezzük 3-5 percig, vagy amíg a deszka recsegni és füstölni kezd. A steakeket 3-4 percig pirítjuk, vagy amíg a sütőrácsra nem helyezik. Helyezze a steakeket deszkára, sült oldalával felfelé. Állítsa be a grillt közvetett sütéshez. Helyezzen egy steak táblát a lekapcsolt égő fölé. Spread slather a steak. Fedjük le és grillezzük 10-12 percig, vagy amíg a steakbe vízszintesen behelyezett azonnali leolvasású hőmérő 130°F-ot nem mutat.)

4. Vegye ki a steakeket a grillről. A steakeket lazán fedjük le fóliával; 10 percig állni hagyjuk. Vágja a steakeket ¼ hüvelyk vastag szeletekre. Tálaljuk steaket ázsiai káposztasalátával.

Ázsiai káposztasaláta: Egy nagy tálban vékonyan szeletelj fel 1 közepes napa káposztát. 1 csésze apróra vágott vörös káposzta; 2 sárgarépa, meghámozva és julienne csíkokra vágva; 1 piros vagy sárga kaliforniai paprika kimagozva és nagyon vékonyra szeletelve; 4 újhagyma, vékonyra szeletelve; 1-2 serrano chili kimagozva és apróra vágva (lásdtipp); 2 evőkanál apróra vágott koriander; és 2 evőkanál apróra vágott mentát. Az öntethez konyhai robotgépben vagy turmixgépben keverjen össze 3 evőkanál friss lime levet, 1 evőkanál reszelt friss gyömbért, 1 gerezd darált fokhagymát és ⅛ teáskanál öt fűszerport. Lefedve simára keverjük. Járó processzor mellett fokozatosan adjunk hozzá ½ csésze dióolajat, és keverjük simára. Adjunk hozzá 1 vékonyra szeletelt újhagymát az öntethez. Megszórjuk a káposztasalátával, és bevonjuk.

SÜLT TRI-TIP STEAK KARFIOL PEPPERONATA

KÉSZÍTMÉNY:25 perc főzés: 25 perc készítés: 2 adag

A PEPERONATA HAGYOMÁNYOSAN EGY LASSAN SÜLT RAGUPAPRIKA HAGYMÁVAL, FOKHAGYMÁVAL ÉS FŰSZERNÖVÉNYEKKEL. EZ A KARFIOLLAL KIADÓSABB KARFIOLLAL KÉSZÜLT, GYORSAN PIRÍTOTT VÁLTOZAT ÍZELÍTŐKÉNT ÉS KÖRETKÉNT IS SZOLGÁL.

2 db 4-6 uncia háromvégű steak, ¾-1 hüvelyk vastagra vágva

¾ teáskanál fekete bors

2 evőkanál extra szűz olívaolaj

2 piros és/vagy sárga kaliforniai paprika kimagozva és felszeletelve

1 medvehagyma, vékonyra szeletelve

1 teáskanál mediterrán fűszerek (lásdrecept)

2 csésze kis karfiol rózsa

2 evőkanál balzsamecet

2 teáskanál friss kakukkfű

1. Papírtörlővel szárítsa meg a steakeket. A steakeket megszórjuk ¼ teáskanál fekete borssal. Egy nagy serpenyőben hevíts fel 1 evőkanál olajat közepesen magas lángon. Add steakeket a serpenyőbe; Csökkentse a hőt közepesre. Közepes ritkaság (145°F) 6-9 percig sütjük, időnként megfordítva. (Ha a hús túl gyorsan pirulna, csökkentse a hőt.) Vegye ki a steakeket a serpenyőből. Lazán letakarjuk alufóliával, hogy meleg legyen.

2. A pepperonatához adjuk hozzá a maradék 1 evőkanál olajat a serpenyőbe. Adjuk hozzá a paprikát és a medvehagymát. Megszórjuk mediterrán fűszerrel. Főzzük közepes lángon körülbelül 5 percig, vagy amíg a paprika megpuhul, időnként megkeverve. Adjuk hozzá a karfiolt, a balzsamecetet, a kakukkfüvet és a maradék ½ teáskanál fekete borsot. Fedjük le és főzzük 10-15 percig, vagy amíg a karfiol megpuhul, időnként megkeverve. Tegye vissza a steakeket a serpenyőbe. Öntsük a pepperonata keveréket a steakekre. Azonnal tálaljuk.

LAPOS STEAK AU POIVRE GOMBÁS DIJON SZÓSSZAL

KÉSZÍTMÉNY:15 perc főzés: 20 perc készítés: 4 adag

EZ A FRANCIA IHLETÉSŰ STEAK GOMBAMÁRTÁSSALALIG TÖBB MINT 30 PERC ALATT AZ ASZTALRA KERÜLHET – ÍGY REMEK VÁLASZTÁS EGY GYORS HÉTVÉGI VACSORÁHOZ.

STEAKEKET
3 evőkanál extra szűz olívaolaj

1 kilós kis spárgalándzsa, vágva

4 db 6 uncia vassteak (csont nélküli);

2 evőkanál vágott friss rozmaring

1½ teáskanál tört fekete bors

SZÓSZ
8 uncia szeletelt friss gomba

2 gerezd fokhagyma, apróra vágva

½ csésze marhacsontleves (lásdrecept)

¼ csésze száraz fehérbor

1 evőkanál dijoni mustár (lásdrecept)

1. Egy nagy serpenyőben hevíts fel 1 evőkanál olajat közepesen magas lángon. Adjunk hozzá spárgát; Főzzük 8-10 percig, vagy amíg ropogós nem lesz, időnként fordítsuk meg a lándzsákat, nehogy megégjen. tegyünk spárgát egy tányérra; Fóliával letakarjuk, hogy meleg legyen.

2. Szórjuk meg a steakeket rozmaringgal és borssal; dörzsölje az ujjaival. Ugyanabban a serpenyőben melegítse fel a maradék 2 evőkanál olajat közepesen

magas lángon. Adjunk hozzá steakeket; Csökkentse a hőt közepesre. Főzzük közepesen ritka (145°F) felett 8-12 percig, időnként megforgatva a húst. (Ha a hús túl gyorsan pirulna, csökkentse a hőt.) Vegyük ki a húst a serpenyőből, és hagyjuk el a cseppeket. A steakeket lazán takarjuk le fóliával, hogy melegen tartsák.

3. A szószhoz a gombát és a fokhagymát a serpenyőben lévő csöpögéshez adjuk. puhára főzzük, időnként megkeverve. Adjuk hozzá a húslevest, a bort és a dijoni mustárt. Közepes-nagy lángon főzzük, a megpirult darabokat kaparjuk le a serpenyő aljáról. felforral; Hagyjuk még 1 percig főni.

4. Osszuk négy tányérra a spárgát. tetejét steakekkel; A steakekre kanalazzuk a szószt.

*Megjegyzés: Ha nem talál 6 unciás lapos vas steaket, vásároljon két 8-12 uncia steaket, és vágja ketté, hogy négy steaket készítsen.

GRILLEZETT LAPOS STEAK CHIPOTLE KARAMELLIZÁLT HAGYMÁVAL ÉS SALSA SALÁTÁVAL

KÉSZÍTMÉNY:Pácolás 30 perc: sütés 2 óra: hűtés 20 perc: grill 20 perc: 45 perc: 4 adag

A LAPOS STEAK VISZONYLAG ÚJA VÁGÁS CSAK NÉHÁNY ÉVE FEJLŐDÖTT KI. A LAPOCKA KÖZELÉBEN TALÁLHATÓ ÍZLETES LÁBFEJRÉSZBŐL KIVÁGVA MEGLEPŐEN GYENGÉD, ÉS SOKKAL DRÁGÁBB ÍZŰ, MINT AMILYEN – VALÓSZÍNŰLEG EZ A FELELŐS A NÉPSZERŰSÉGÉNEK GYORS NÖVEKEDÉSÉÉRT.

STEAKEKET
- ⅓ csésze friss limelé
- ¼ csésze extra szűz olívaolaj
- ¼ csésze durvára vágott koriander
- 5 gerezd fokhagyma apróra vágva
- 4 db 6 uncia lapos vas steak (csont nélküli lapocka)

SALSA SALÁTA
- 1 mag nélküli (angol) uborka (ízlés szerint meghámozva), felkockázva
- 1 csésze negyedelt szőlő paradicsom
- ½ csésze kockára vágott vöröshagyma
- ½ csésze durvára vágott koriander
- 1 poblano chili kimagozva és felkockázva (lásdtipp)
- 1 jalapeño kimagozva és apróra vágva (lásdtipp)
- 3 evőkanál friss limelé
- 2 evőkanál extra szűz olívaolaj

KARAMELLIZÁLT HAGYMA

2 evőkanál extra szűz olívaolaj

2 nagy édes hagyma (például Maui, Vidalia, Texas Sweet vagy Walla Walla)

½ teáskanál őrölt chipotle chili paprika

1. Helyezze a steakeket steakenként visszazárható műanyag zacskóba egy sekély edénybe. félretesz. Egy kis tálban keverjük össze a lime levét, az olajat, a koriandert és a fokhagymát. Ráöntjük a zacskóban lévő steakekre. pecsétzsák; forgasd bevonni. 2 órára hűtőben pácoljuk.

2. A salátához egy nagy tálban keverje össze az uborkát, a paradicsomot, a hagymát, a koriandert, a poblano-t és a jalapenót. Dobd a meccsre. Egy kis tálban keverjük össze a lime levét és az olívaolajat, hogy elkészítsük az öntetet. csöpögtess öntetet a zöldségekre; kabátba dobni. Lefedjük és tálalásig hűtőszekrényben tároljuk.

3. Hagyma esetén melegítse elő a sütőt 400°F-ra. Egy holland sütő belsejét megkenjük olívaolajjal. félretesz. A hagymát hosszában félbevágjuk, héjukat lehúzzuk, majd keresztben ¼ hüvelykes szeletekre szeleteljük. A holland sütőben dobd össze a maradék olívaolajat, a hagymát és a chipotle chili paprikát. Fedjük le és süssük 20 percig. Fedjük le és hagyjuk hűlni körülbelül 20 percig.

4. A kihűlt hagymát fóliás grillzsákba helyezzük, vagy dupla vastagságú fóliába csomagoljuk. A fólia tetejét nyárssal több helyen átszúrjuk.

5. Faszén grill esetén közepesen forró parazsat helyezzen el a grill kerülete mentén. Ellenőrizze a közepes lángot a

grill közepe felett. Helyezze a csomagot a grillrács közepére. Fedjük le és grillezzük körülbelül 45 percig, vagy amíg a hagyma puha és borostyánsárga nem lesz. (Gázgrillnél melegítse elő a grillt. Csökkentse a hőt közepesen alacsonyra. Indirekt főzéshez állítsa be. Helyezze le a csomagot az égőre. Fedje le és grillezze az utasításoknak megfelelően.)

6. Vegye ki a steakeket a pácból; Dobja el a pácot. Faszén- vagy gázgrill esetén helyezze a steakeket közvetlenül a sütőrácsra közepesen magas lángon. Fedjük le és grillezzük 8-10 percig, vagy amíg a steakbe vízszintesen behelyezett azonnali leolvasású hőmérő 135°F-ot nem mutat, és egyszer elfordul. Helyezze a steakeket egy tálra, fedje le lazán alufóliával, és hagyja állni 10 percig.

7. Tálaláshoz osszuk el a salsa salátát négy tálaló tányérra. Mindegyik tányérra tegyünk egy-egy steaket, és a tetejére rakjunk egy halom karamellizált hagymát. Azonnal tálaljuk.

Előre elkészítési útmutató: A salsa saláta elkészíthető és tálalás előtt legfeljebb 4 órával hűtőszekrényben tárolható.

GRILLEZETT RIBEYES GYÓGYNÖVÉNYES HAGYMÁVAL ÉS FOKHAGYMÁS VAJJAL

KÉSZÍTMÉNY:Főzés 10 perc: hideg 12 perc: grill 30 perc: 11 perc: 4 adag

A GRILLEZETT STEAK MELEGE ELOLVADA KARAMELLIZÁLT HAGYMA, FOKHAGYMA ÉS FŰSZERNÖVÉNYEK HALMAI KÓKUSZ- ÉS OLÍVAOLAJ ÍZLETES KEVERÉKÉBEN.

- 2 evőkanál finomítatlan kókuszolaj
- 1 kis hagyma, félbevágva és nagyon vékony csíkokra szeletelve (kb. ¾ csésze)
- 1 gerezd fokhagyma, nagyon vékonyra szeletelve
- 2 evőkanál extra szűz olívaolaj
- 1 evőkanál apróra vágott friss petrezselyem
- 2 teáskanál apróra vágott friss kakukkfű, rozmaring és/vagy oregánó
- 4 8-10 uncia marha-ribeye steak, 1 hüvelyk vastagra vágva
- ½ teáskanál frissen őrölt fekete bors

1. Egy közepes méretű serpenyőben olvasszuk fel a kókuszolajat alacsony lángon. adjunk hozzá hagymát; Főzzük 10-15 percig, vagy amíg enyhén megpirul, időnként megkeverve. Adjunk hozzá fokhagymát; Főzzük további 2-3 percig, vagy amíg a hagyma aranybarna nem lesz, időnként megkeverve.

2. Helyezze a hagymás keveréket egy kis tálba. Hozzákeverjük az olívaolajat, a petrezselymet és a kakukkfüvet. Hűtsük le fedő nélkül a hűtőszekrényben 30 percig, vagy amíg a keverék annyira megszilárdul,

hogy lerakáskor halmot képezzen, alkalmanként megkeverve.

3. Közben a steakeket megszórjuk borssal. Faszén- vagy gázgrill esetén helyezze a steakeket közvetlenül a sütőrácsra közepesen magas lángon. Fedjük le és grillezzük 11–15 percig közepesen ritka (145 °F) vagy 14–18 percig közepesen (160 °F). A főzés felénél egyszer fordítsa meg.

4. Tálaláskor helyezzen minden steaket egy tálra. A hagymás keveréket azonnal egyenletesen rákenjük a steakekre.

RIBEYE SALÁTA GRILLRÉPÁVAL

KÉSZÍTMÉNY:20 perc Grill: 55 perc állvány: 5 perc készítés: 4 adag

A RÉPA FÖLDES ÍZE GYÖNYÖRŰEN PÁROSULA NARANCS ÉDESSÉGÉVEL – ÉS A PIRÍTOTT PEKÁNDIÓ NÉMI ROPOGÓSSÁ TESZI EZT A FŐÉTEL SALÁTÁT, AMELY TÖKÉLETES A SZABADBAN VALÓ ÉTKEZÉSHEZ EGY MELEG NYÁRI ÉJSZAKÁN.

1 font közepes arany és/vagy vörös cékla, meghámozva, megtisztítva és szeletekre vágva

1 kis vöröshagyma, vékony szeletekre vágva

2 szál friss kakukkfű

1 evőkanál extra szűz olívaolaj

Törött fekete bors

2 8 uncia kicsontozott marhahús ribeye steak, ¾ hüvelyk vastagra vágva

2 gerezd fokhagyma, félbevágva

2 evőkanál mediterrán fűszerek (lásdrecept)

6 csésze vegyes zöldek

2 narancs meghámozva, meghámozva és durvára vágva

½ csésze apróra vágott pekándió, pirítva (lásdtipp)

½ csésze Bright Citrus Vinaigrette (lásdrecept)

1. Helyezze a répát, a hagymát és a kakukkfű ágait egy fóliás serpenyőbe. Meglocsoljuk olajjal és összekeverjük; enyhén megszórjuk törött fekete borssal. Faszén- vagy gázgrillhez helyezze az edényt a sütőrács közepére. Fedjük le és grillezzük 55-60 percig, vagy amíg megpuhul, ha késsel átszúrjuk, időnként megkeverve.

2. Közben a steak mindkét oldalát dörzsölje be apróra vágott fokhagymaszárral. Megszórjuk mediterrán fűszerrel.

3. Helyezze el a répát a grill közepétől, hogy helyet adjon a steakeknek. Közvetlenül közepes lángon adjuk hozzá a steakeket a grillezéshez. Fedjük le és grillezzük 11–15 percig közepesen ritka (145 °F) vagy 14–18 percig közepesen (160 °F). A főzés felénél egyszer fordítsa meg. Távolítsa el a fóliát és a steakeket a grillről. Hagyja állni a steakeket 5 percig. Dobj ki kakukkfű ágakat a fóliás tepsiből.

4. Vágja a steaket átlósan falatnyi darabokra. Osszuk el a zöldségeket négy tányérra. Tetejére szeletelt steak, cékla, hagyma szeletek, apróra vágott narancs és pekándió. Meglocsoljuk Bright Citrus Vinaigrette-vel.

KOREAI STÍLUSÚ RÖVID TARJA PÁROLT GYÖMBÉRES KÁPOSZTÁVAL

KÉSZÍTMÉNY:Főzés 50 perc: sütés 25 perc: hideg 10 óra: egy éjszakán át: 4 adag

GYŐZŐDJÖN MEG ARRÓL, HOGY A HOLLAND SÜTŐ FEDŐJENAGYON SZOROSAN ILLESZKEDIK, HOGY A FŐZŐFOLYADÉK NE PÁROLOGJON EL A FEDÉL ÉS AZ EDÉNY KÖZÖTTI RÉSEN A NAGYON HOSSZÚ PÁROLÁSI IDŐ ALATT.

- 1 uncia szárított shiitake gomba
- 1½ csésze apróra vágott újhagyma
- 1 ázsiai körte meghámozva, kimagozva és apróra vágva
- 1 3 hüvelykes darab friss gyömbér, meghámozva és apróra vágva
- 1 serrano chili paprika finomra vágva (ízlés szerint kimagozva) (lásdtipp)
- 5 gerezd fokhagyma
- 1 evőkanál finomított kókuszolaj
- 5 kiló csontos és csontos bordák
- Frissen őrölt fekete bors
- 4 csésze marhacsontleves (lásdrecept) vagy marhahúsleves hozzáadott só nélkül
- 2 csésze szeletelt friss shiitake gomba
- 1 evőkanál finomra vágott narancshéj
- ⅓ csésze friss gyümölcslé
- Párolt gyömbéres káposzta (lásdrecept, lent)
- Finomra reszelt narancshéj (elhagyható)

1. Melegítse elő a sütőt 325°F-ra. Helyezze a szárított shiitake gombát egy kis tálba; adjunk hozzá annyi forrásban lévő vizet, hogy ellepje. Hagyja állni 30 percig, vagy amíg rehidratálódik és megpuhul. Lecsepegtetjük és tartalékoljuk az áztatófolyadékot. A gombát apróra vágjuk. Helyezze a gombát egy kis tálba; fedjük le és hűtsük le, amíg szükség lesz rá a 4. lépésben. Tegye félre a gombát és a folyadékot.

2. A szószhoz aprítógépben keverjük össze a mogyoróhagymát, az ázsiai körtét, a gyömbért, a serranót, a fokhagymát és a fenntartott gombaáztató folyadékot. Lefedve simára keverjük. Tedd félre a szószt.

3. Egy 6 literes sütőben melegítsük fel a kókuszolajat közepesen magas lángon. A rövid bordákat megszórjuk frissen őrölt fekete borssal. A bordákat adagonként, forró kókuszolajban süssük körülbelül 10 percig, vagy amíg minden oldaluk szépen megpirul, a főzés felénél megfordítjuk. Tegye vissza az összes bordát az edénybe. Adjuk hozzá a szószt és a marhacsontlevest. Fedje le a holland sütőt szorosan záródó fedéllel. Körülbelül 10 órán keresztül süssük, vagy amíg a hús nagyon puha és leesik a csontról.

4. Óvatosan távolítsa el a bordákat a szószból. Helyezze a bordákat és a szószt külön edényekbe. Lefedjük és egy éjszakára hűtőbe tesszük. Ha kihűlt, a szósz felületéről lefölözzük és leöntjük a zsírt. A mártást nagy lángon felforraljuk. Adja hozzá az 1. lépésből származó hidratált gombát és a friss gombát. Óvatosan pároljuk

10 percig, hogy csökkenjen a szósz és intenzívebbé váljanak az ízek. vissza a bordákat a szószba; pároljuk, amíg át nem melegszik. Keverjünk hozzá 1 evőkanál narancshéjat és a narancslevet. Párolt gyömbérrel tálaljuk. Kívánság szerint megszórjuk további narancshéjjal.

Párolt gyömbéres káposzta: Egy nagy serpenyőben melegíts fel 1 evőkanál finomított kókuszolajat közepesen magas lángon. Adjunk hozzá 2 evőkanál apróra vágott friss gyömbért; 2 gerezd fokhagyma, darált; és ízlés szerint tört pirospaprikát. Főzzük és keverjük, amíg illatos lesz, körülbelül 30 másodpercig. Adjunk hozzá 6 csésze felaprított napát, savoy káposztát vagy kelkáposztát és 1 ázsiai körtét, meghámozva, kimagozva és vékonyra szeletelve. 3 percig kevergetve főzzük, amíg a káposzta kissé megfonnyad és a körte megpuhul. Keverjünk hozzá ½ csésze cukrozatlan almalevet. Fedjük le, és főzzük, amíg a káposzta megpuhul, körülbelül 2 percig. Keverjünk hozzá ½ csésze apróra vágott újhagymát és 1 evőkanál szezámmagot.

RÖVID MARHABORDA CITRUSOS ÉDESKÖMÉNY GREMOLATÁVAL

KÉSZÍTMÉNY:40 perc grillezés: 8 perc lassú főzés: 9 óra (alacsony) vagy 4½ óra (magas) hozam: 4 adag

A GREMOLATA EGY ÍZLETES KEVERÉKPETREZSELYEMBŐL, FOKHAGYMÁBÓL ÉS CITROMHÉJBÓL KÉSZÜLT, OSSO BUCCÓRA SZÓRVA - A PÁROLT BORJÚCSÜLÖK KLASSZIKUS OLASZ ÉTELÉRE -, HOGY FELDOBJA GAZDAG, SIMA ÍZÉT. A NARANCSHÉJ ÉS A FRISS, TOLLAS ÉDESKÖMÉNYLEVÉL HOZZÁADÁSÁVAL UGYANEZT TESZI EZEKKEL A ZSENGE, RÖVID MARHAHÚSBORDÁKKAL.

BORDA
2½-3 font csontos és csontos bordák

3 evőkanál citromfű fűszer (lásdrecept)

1 közepes méretű édeskömény hagyma

1 nagy hagyma, nagy darabokra vágva

2 csésze marhacsontleves (lásdrecept) vagy marhahúsleves hozzáadott só nélkül

2 gerezd fokhagyma, félbevágva

SÜLT SÜTŐTÖK
3 evőkanál extra szűz olívaolaj

1 kiló vajtök, meghámozva, kimagozva és ½ hüvelykes darabokra vágva (kb. 2 csésze)

4 teáskanál friss kakukkfű

Extra szűz olívaolaj

GREMOLATA

¼ csésze apróra vágott friss petrezselyem

2 evőkanál darált fokhagyma

1½ teáskanál finomra reszelt citromhéj

1½ teáskanál finomra reszelt narancshéj

1. A rövid bordákat megszórjuk citromfűfűszerekkel;
Ujjaival finoman dörzsölje bele a húsba. félretesz.
Távolítsa el a leveleket az édesköményről; tegyük félre
a gremolatát a citrusos édesköményhez. Vágja le és
negyedelje meg az édeskömény hagymát.

2. Faszén grill esetén közepesen forró parazsat helyezzen el
a grill egyik oldalán. Ellenőrizze a közepes lángot a grill
faszénmentes oldalán. Helyezzen rövid bordákat a
főzőrácsra a nem szénoldalon; Helyezze az
édeskömény- és hagymakarikákat közvetlenül a
parázsra a rácsra. Fedjük le és grillezzük 8-10 percig,
vagy amíg a zöldségek és a bordák éppen megpirulnak.
A főzés felénél egyszer fordítsa meg. (Gázgrill esetén
melegítse elő a grillt, csökkentse a hőt közepesre. Állítsa
be a közvetett sütéshez. Helyezze a bordákat a
grillrácsra az égő fölé. Helyezze az édesköményt és a
hagymát a rácsra az égő fölé. Fedje le, és grillezze az
utasításoknak megfelelően.) Ha kellően kihűlt. , az
édesköményt és a hagymát durvára vágjuk.

3. Egy 5-6 literes lassú tűzhelyben keverje össze az apróra
vágott édesköményt és a hagymát, a marhacsontlevest
és a fokhagymát. bordákat adjunk hozzá. Fedjük le és
főzzük alacsony lángon 9-10 órán át, vagy magas lángon
4½-5 órán át. Egy lyukas kanál segítségével tegyük át a

33

bordákat egy tálra. Fóliával letakarjuk, hogy meleg legyen.

4. Közben a tökhöz egy nagy serpenyőben felforrósítjuk a 3 evőkanál olajat közepesen magas lángon. Adjunk hozzá tököt és 3 teáskanál kakukkfüvet, és keverjük meg, hogy bevonják a tököt. Tegye a tököt egy rétegben egy serpenyőbe, és keverés nélkül süsse körülbelül 3 percig, vagy amíg az alsó része barna nem lesz. Fordítsa meg a sütőtök darabokat; süssük még körülbelül 3 percig, vagy amíg a második oldal is megpirul. csökkentse a hőt alacsonyra; fedjük le és főzzük 10-15 percig, vagy amíg megpuhul. Megszórjuk 1 teáskanál friss kakukkfűvel. Meglocsoljuk további extra szűz olívaolajjal.

5. Vágjon finomra annyi édesköménylevelet, amennyi a gremolatának van fenntartva, hogy ¼ csésze legyen. Egy kis tálban keverjük össze az apróra vágott édesköménylevelet, a petrezselymet, a fokhagymát, a citromhéjat és a narancshéjat.

6. Szórjunk gremolatát a bordákra. Sütőtökkel tálaljuk.

SVÉD STÍLUSÚ MARHAHÚS POGÁCSÁK MUSTÁROS KAPROS UBORKASALÁTÁVAL

KÉSZÍTMÉNY:30 perc főzés: 15 perc készítés: 4 adag

A BEEF À LA LINDSTROM EGY SVÉD HAMBURGEREZT HAGYOMÁNYOSAN HAGYMÁVAL, KAPRIBOGYÓVAL ÉS PÁCOLT FEHÉRRÉPÁVAL ÖNTIK, MÁRTÁSSAL, ZSEMLE NÉLKÜL. EZ A SZEGFŰBORSOS VÁLTOZAT A SÓSAN PÁCOLT CÉKLÁT ÉS KAPRIBOGYÓT SÜLT RÉPÁRA CSERÉLI, ÉS TÜKÖRTOJÁSSAL EGÉSZÍTI KI.

UBORKASALÁTA
2 teáskanál friss narancslé

2 teáskanál fehérborecet

1 teáskanál dijoni mustár (lásdrecept)

1 evőkanál extra szűz olívaolaj

1 nagy mag nélküli (angol) uborka, meghámozva és felszeletelve

2 evőkanál apróra vágott újhagyma

1 evőkanál apróra vágott friss kapor

MARHAHÚS POGÁCSÁKAT
1 kiló darált marhahús

¼ csésze finomra vágott hagyma

1 evőkanál dijoni mustár (lásdrecept)

¾ teáskanál fekete bors

½ teáskanál őrölt szegfűbors

½ kis fehérrépa, megpirítva, meghámozva és apróra vágva *

2 evőkanál extra szűz olívaolaj

½ csésze marhacsontleves (lásd<u>recept</u>) vagy
    marhahúsleves hozzáadott só nélkül

4 nagy tojás

1 evőkanál finomra vágott metélőhagyma

1. Az uborkasalátához egy nagy tálban keverje össze a narancslevet, az ecetet és a dijoni mustárt. Lassan, vékony sugárban adjuk hozzá az olívaolajat, és addig keverjük, amíg az öntet kissé besűrűsödik. Adjunk hozzá uborkát, zöldhagymát és kaprot; dobjuk össze. Lefedjük és tálalásig hűtőszekrényben tároljuk.

2. A marhahús pogácsákhoz egy nagy tálban keverje össze a darált marhahúst, a hagymát, a dijoni mustárt, a borsot és a szegfűborsot. Adjuk hozzá a sült répát, és óvatosan keverjük össze, amíg egyenletesen el nem keveredik a húsban. Formázz a keverékből négy ½ hüvelyk vastag pogácsát.

3. Egy nagy serpenyőben melegíts fel 1 evőkanál olívaolajat közepesen magas lángon. Süssük a pogácsákat (160°) körülbelül 8 percig, vagy amíg a külsejük barna nem lesz és átsül, egyszer megfordítva. Tegyük a pogácsákat egy tányérra, és lazán takarjuk le alufóliával, hogy melegen tartsák. Adjunk hozzá marhahúslevest, és keverjük össze, hogy a megbarnult darabokat lekaparjuk a serpenyő aljáról. Főzzük körülbelül 4 percig, vagy amíg félbe nem vágjuk. A pogácsákat meglocsoljuk csökkentett levével, és újra lazán lefedjük.

4. Öblítse ki a serpenyőt, és törölje le egy papírtörlővel. Melegítse fel a maradék 1 evőkanál olívaolajat közepesen magas lángon. A tojásokat forró olajban

süssük 3-4 percig, vagy amíg a fehérje megpuhul, de a sárgája puha és folyós marad.

5. Tegyünk egy tojást minden marhahúspogácsára. Megszórjuk metélőhagymával, és uborkasalátával tálaljuk.

*Tipp: A cékla sütéséhez alaposan dörzsölje le, és helyezze egy darab alufóliára. Meglocsoljuk egy kis olívaolajjal. Fóliába csomagoljuk és szorosan lezárjuk. 375°F-os sütőben körülbelül 30 percig sütjük, vagy addig, amíg egy villa könnyen át nem szúrja a céklát. Hagyja kihűlni; Húzza le a bőrt. (A céklát legfeljebb 3 nappal előre megsüthetjük. A meghámozott sült répát szorosan tekerjük be és tegyük hűtőbe.)

FOJTOTT MARHAHAMBURGER RUKKOLÁN SÜLT

GYÖKÉRZÖLDSÉGEKKEL

KÉSZÍTMÉNY:Főzés 40 perc: Sütés 35 perc: Készíts 20 perc: 4 adag

SOK ELEM VANAMI EZEKET A KIADÓS HAMBURGEREKET ILLETI – ÉS ÖSSZEÁLLÍTÁSUK IDŐBE TELIK –, DE AZ ÍZEK HIHETETLEN KOMBINÁCIÓJA MIATT MEGÉRI A FÁRADSÁGOT: A HÚSOS HAMBURGERT KARAMELLIZÁLT HAGYMÁVAL ÉS GOMBÁS SERPENYŐS SZÓSSZAL ÖNTIK MEG, ÉDESEN SÜLT ZÖLDSÉGEKKEL ÉS BORSOZVA TÁLALJÁK. RUKKOLA.

5 evőkanál extra szűz olívaolaj

2 csésze szeletelt friss gomba, cremini és/vagy shiitake

3 sárga hagyma, vékonyra szeletelve*

2 teáskanál kömény

3 sárgarépa, meghámozva és 1 hüvelykes darabokra vágva

2 paszternák, meghámozva és 1 hüvelykes darabokra vágva

1 makktök félbevágva, kimagozva és szeletekre vágva

Frissen őrölt fekete bors

2 kiló darált marhahús

½ csésze finomra vágott hagyma

1 evőkanál univerzális sómentes fűszerkeverék

2 csésze marhacsontleves (lásd<u>recept</u>) vagy marhahúsleves hozzáadott só nélkül

¼ csésze cukrozatlan almalé

1-2 evőkanál száraz sherry vagy fehérborecet

1 evőkanál dijoni mustár (lásd<u>recept</u>)

1 evőkanál apróra vágott friss kakukkfű levél

1 evőkanál apróra vágott friss petrezselyemlevél

8 csésze rukkolalevél

1. Melegítse elő a sütőt 425°F-ra. A szószhoz egy nagy serpenyőben hevíts fel 1 evőkanál olívaolajat közepesen magas lángon. adjunk hozzá gombát; főzzük és keverjük körülbelül 8 percig, vagy amíg jól megbarnul és megpuhul. Egy lyukas kanál segítségével tegyük át a gombát egy tányérra. Helyezze vissza a serpenyőt az égőre. Csökkentse a hőt közepesre. Hozzáadjuk a maradék 1 evőkanál olívaolajat, az apróra vágott hagymát és a köménymagot. Fedjük le, és főzzük 20-25 percig, vagy amíg a hagyma nagyon puha és gazdagon megpirul, időnként megkeverve. (Szükség szerint állítsa be a hőt, nehogy megégjen a hagyma.)

2. A sült gyökérzöldségekhez a sárgarépát, a paszternákot és a tököt egy nagy tepsibe helyezzük. Meglocsoljuk 2 evőkanál olívaolajjal, és ízlés szerint megszórjuk borssal. feldobjuk a zöldségek bevonására. 20-25 percig sütjük, vagy amíg megpuhul és barnulni kezd, a sütés felénél megfordítva. Tálalásig tartsa melegen a zöldségeket.

3. Burgerekhez egy nagy tálban keverje össze a darált marhahúst, az apróra vágott hagymát és a fűszerkeveréket. Osszuk a húskeveréket négy egyenlő részre, és formázzuk körülbelül 1/2 hüvelyk vastagságú pogácsákat. Egy extra nagy serpenyőben melegítsd fel a maradék 1 evőkanál olívaolajat közepesen magas lángon. Adjunk hozzá hamburgert a serpenyőbe; kb. 8 percig sütjük, vagy amíg mindkét oldala megpirul,

egyszer megfordítva. Helyezze a hamburgert egy tányérra.

4. Adja hozzá a karamellizált hagymát, a fenntartott gombát, a marhacsontlevest, az almalevet, a sherryt és a dijoni mustárt, és keverje össze. Tegye vissza a hamburgereket a serpenyőbe. Felforral. Főzzük, amíg a hamburgerek elkészülnek (160 °F), körülbelül 7-8 percig. Ízlés szerint keverjünk hozzá friss kakukkfüvet, petrezselymet és borsot.

5. Tálaláshoz tegyünk 2 csésze rukkolát mind a négy tálalótányérra. Osszuk el a sült zöldségeket a saláták között, és tegyük meg hamburgerrel. A hagymás keveréket bőségesen eloszlatjuk a hamburgereken.

*Tipp: Hagyma vékonyra szeletelésekor nagy segítség a mandolinszeletelő.

GRILLEZETT MARHAHÚS HAMBURGER SZEZÁMHÉJAS PARADICSOMMAL

KÉSZÍTMÉNY:30 perc állvány: 20 perc grill: 10 perc készít: 4 adag

ROPOGÓS, ARANYBARNA PARADICSOMSZELETEK SZEZÁMHÉJJALEZEKBEN A FÜSTÖS HAMBURGEREKBEN KIÁLLHATSZ A HAGYOMÁNYOS SZEZÁMZSEMLE MELLETT. KÉSSEL ÉS VILLÁVAL TÁLALJUK.

4 ½ hüvelyk vastag piros vagy zöld paradicsom szeletek*

1¼ font sovány darált marhahús

1 evőkanál füstös fűszerezés (lásdrecept)

1 nagy tojás

¾ csésze mandulaliszt

¼ csésze szezám

¼ teáskanál fekete bors

1 kisebb vöröshagyma félbevágva és felszeletelve

1 evőkanál extra szűz olívaolaj

¼ csésze finomított kókuszolaj

1 kis fej Bibb saláta

Paleo ketchup (lásdrecept)

Dijon-stílusú mustár (lásdrecept)

1. Helyezze a paradicsomszeleteket egy dupla papírtörlőre. A paradicsom tetejét egy másik dupla papírtörlővel megkenjük. Enyhén nyomkodjuk le a papírtörlőt, hogy a paradicsomhoz tapadjanak. Hagyja állni szobahőmérsékleten 20-30 percig, hogy a paradicsomlé egy része felszívódjon.

2. Egy nagy tálban keverjük össze a darált marhahúst és a füstös fűszerezést. Négy ½ hüvelyk vastag pogácsát formázunk belőle.

3. Egy sekély tálban villával enyhén felverjük a tojást. Egy másik sekély tálban keverjük össze a mandulalisztet, a szezámmagot és a borsot. Minden paradicsomszeletet mártsunk bele a tojásba, és forgassuk be. Lecsepegtetjük a felesleges tojást. Minden paradicsomszeletet mártsunk mandulalisztes keverékbe, és forgassuk be. Helyezze a bevont paradicsomot egy lapos tányérra; félretesz. Keverje össze a hagymaszeleteket olívaolajjal; Helyezze a hagymaszeleteket egy grillkosárba.

4. Faszén- vagy gázgrillhez tegyük a hagymát egy kosárba, és tegyünk marhahúspogácsákat a grillrácsra közepesen magas lángon. Fedjük le és grillezzük 10-12 percig, vagy a hagyma aranybarna és enyhén megpirul, és a pogácsák elkészülnek (160°), időnként megkeverve a hagymát, és egyszer megforgatva a pogácsákat.

5. Közben egy nagy serpenyőben közepes-magas lángon olajat hevítünk. Adjunk hozzá paradicsomszeleteket; 8-10 percig sütjük, vagy amíg aranybarna nem lesz, egyszer megfordítva. (Ha a paradicsom túl gyorsan pirulna, mérsékelje a hőt közepesen alacsonyra. Ha szükséges, adjon hozzá még olajat.) Papírtörlővel bélelt tányéron csepegtesse le.

6. Tálaláshoz osszuk el a salátát négy tálra. A tetejére pogácsákat, hagymát, paleo ketchupot, Dijon-stílusú mustárt és szezámhéjas paradicsomot teszünk.

*Megjegyzés: Valószínűleg 2 nagy paradicsomra lesz szüksége. Ha piros paradicsomot használ, válasszon olyan paradicsomot, amely csak érett, de még kissé kemény.

BURGER PÁLCÁN BABA GHANOUSH MÁRTOGATÓSSAL

ÁZTATÁS:15 perc előkészítés: 20 perc grill: 35 perc készít: 4 adag

A BABA GHANOUSH EGY KÖZEL-KELETI DISZTRIBÚCIÓFÜSTÖS GRILLEZETT PADLIZSÁNBÓL KÉSZÜLT, OLÍVAOLAJJAL, CITROMMAL, FOKHAGYMÁVAL ÉS TAHINIVEL, ŐRÖLT SZEZÁMMAG PASZTÁVAL. A SZEZÁMRA SZÓRNI JÓ, DE HA OLAJAT VAGY PASZTÁT KÉSZÍTENEK BELŐLÜK, AKKOR KONCENTRÁLT LINOLSAVFORRÁSSÁ VÁLIK, AMI HOZZÁJÁRULHAT A GYULLADÁSHOZ. AZ ITT HASZNÁLT FENYŐMAGVAJ JÓ HELYETTESÍTŐJE.

4 szárított paradicsom

1½ kiló sovány darált marhahús

3-4 evőkanál finomra vágott hagyma

1 evőkanál finomra vágott friss oregánó és/vagy apróra vágott friss menta vagy ½ teáskanál szárított oregánó, aprítva

¼ teáskanál cayenne bors

Baba Ghanoush Dip (lásd)recept, lent)

1. Áztasson nyolc 10 hüvelykes fanyársat vízbe 30 percre. Egy kis tálban öntsünk forrásban lévő vizet a paradicsomra; Hagyja 5 percig rehidratálódni. A paradicsomot leszűrjük és papírtörlővel megszárítjuk.

2. Egy nagy tálban keverje össze az apróra vágott paradicsomot, a darált marhahúst, a hagymát, az oregánót és a cayenne borsot. Osszuk a húskeveréket nyolc adagra; Minden részt golyóvá forgatunk. Vegye ki a nyársakat a vízből. szárítsa meg. Fűzzünk egy labdát

45

egy nyársra, és a nyárson hosszú oválisra formáljuk. Kezdje közvetlenül a hegyes hegy alatt, és hagyjon elegendő helyet a másik végén a bot tartásához. Ismételje meg a többi nyárssal és golyóval.

3. Faszén- vagy gázgrillnél a marhahúsnyársakat közvetlenül a sütőrácsra helyezzük közepesen magas hőfokon. Fedjük le és grillezzük körülbelül 6 percig, vagy amíg kész (160 °F). Baba ghanoush mártogatóssal tálaljuk.

Baba Ghanoush mártogatós szósz: Villával több helyen megszurkálunk 2 közepes padlizsánt. Faszén- vagy gázgrillhez helyezze a padlizsánt közvetlenül a sütőrácsra, közepesen magas lángon. Fedjük le és grillezzük 10 percig, vagy amíg minden oldala megpirul. Grillezés közben többször fordítsa meg. Vegyük ki a padlizsánokat, és óvatosan csomagoljuk be fóliába. Helyezze vissza a becsomagolt padlizsánt a sütőrácsra, de ne közvetlenül a parázsra. Fedje le és grillezzen további 25-35 percig, vagy amíg összeesik és nagyon puha lesz. Menő. A padlizsánt félbevágjuk és a húsát kikaparjuk; Helyezze a húst egy konyhai robotgépbe. Adjunk hozzá ¼ csésze fenyőmagvajat (lásdrecept); ¼ csésze friss citromlé; 2 gerezd fokhagyma, darált; 1 evőkanál extra szűz olívaolaj; 2-3 evőkanál apróra vágott friss petrezselyem; és ½ teáskanál őrölt kömény. Fedjük le és dolgozzuk szinte simára. Ha a szósz túl sűrű a mártáshoz, keverjen hozzá annyi vizet, hogy elérje a kívánt állagot.

FÜSTÖS TÖLTÖTT PAPRIKA

KÉSZÍTMÉNY:Főzés 20 perc: sütés 8 perc: 30 perc készítés: 4 adag

LEGYEN EZ A CSALÁD KEDVENCESZÍNES PAPRIKA KEVERÉKÉVEL EGY SZEMET GYÖNYÖRKÖDTETŐ ÉTELHEZ. A TŰZÖN SÜLT PARADICSOM JÓ PÉLDA ARRA, HOGYAN LEHET EGÉSZSÉGESEN ÍZESÍTENI AZ ÉTELEKET. HA A PARADICSOMOT KONZERVÁLÁS ELŐTT EGYSZERŰEN ELSZENESÍTI (SÓ NÉLKÜL), AKKOR AZ ÍZE FOKOZÓDIK.

4 nagy zöld, piros, sárga és/vagy narancssárga kaliforniai paprika

1 kiló darált marhahús

1 evőkanál füstös fűszerezés (lásdrecept)

1 evőkanál extra szűz olívaolaj

1 kis sárga hagyma apróra vágva

3 gerezd fokhagyma apróra vágva

1 kis karfiol kimagozva és rózsákra törve

1 15 uncia konzerv sózatlan kockára vágott tűzön sült paradicsom, lecsepegtetve

¼ csésze finomra vágott friss petrezselyem

½ teáskanál fekete bors

⅛ teáskanál cayenne bors

½ csésze diómorzsa öntet (lásdrecept, lent)

1. Melegítse elő a sütőt 375°F-ra. A paprikát függőlegesen félbevágjuk. Távolítsa el a szárakat, magokat és hártyákat. eldobni. Tegye félre a bors felét.

2. Helyezze a darált marhahúst egy közepes tálba; Füstös fűszerezéssel megszórjuk. Kezével óvatosan keverje bele a fűszereket a húsba.

3. Egy nagy serpenyőben hevítsünk olívaolajat közepesen magas lángon. Adjunk hozzá húst, hagymát és fokhagymát; főzzük, amíg a hús barna és a hagyma megpuhul, fakanállal kevergetve a húst széttörjük. Vegye le a serpenyőt a tűzhelyről.

4. Konyhai robotgépben a karfiol rózsákat nagyon apróra vágjuk. (Ha nincs robotgépünk, a karfiolt dobozos reszelőn reszeljük le.) Mérjünk ki 3 csésze karfiolt. Adjuk hozzá a serpenyőben lévő darált marhahús keverékhez. (Ha maradt karfiol, tartsa el egy másik felhasználásra.) Keverje hozzá a lecsepegtetett paradicsomot, a petrezselymet, a fekete borsot és a cayenne-t.

5. Töltsük meg a borsféléket darált marhahúskeverékkel, enyhén csomagoljuk és halmozzuk fel. A megtöltött paprikaféléket rakott edénybe tesszük. Süssük 30-35 percig, vagy amíg a paprika ropogós és puha nem lesz. * A tetejét megszórjuk diómorzsával. Ha szükséges, tálalás előtt tegyük vissza a sütőbe 5 percre, hogy ropogósra süljön.

Diómorzsa feltét: Egy közepes serpenyőben melegíts fel 1 evőkanál extra szűz olívaolajat közepesen magas lángon. Keverjünk hozzá 1 teáskanál szárított kakukkfüvet, 1 teáskanál füstölt paprikát és ¼ teáskanál fokhagymaport. Adjunk hozzá 1 csésze nagyon apróra vágott diót. Főzzük és keverjük körülbelül 5 percig, vagy amíg a dió aranybarna és enyhén megpirul. Keverjünk hozzá egy-két csipetnyi cayenne borsot. Hagyjuk teljesen kihűlni. A maradék feltétet felhasználásig jól lezárt edényben tároljuk a hűtőszekrényben. 1 csésze lesz belőle.

*Megjegyzés: Ha zöldpaprikát használ, süsse további 10 percig.

BÖLÉNY BURGER CABERNET HAGYMÁVAL ÉS RUKKOLÁVAL

KÉSZÍTMÉNY:30 perc főzés: 18 perc grillezés: 10 perc főzés: 4 adag

A BÖLÉNY NAGYON ALACSONY ZSÍRTARTALMÚ ÉS 30-50%-KAL GYORSABBAN MEGSÜL, MINT A MARHAHÚS. A HÚS A FŐZÉS UTÁN IS MEGŐRZI VÖRÖS SZÍNÉT, ÍGY A SZÍN NEM A KÉSZENLÉT MUTATÓJA. MIVEL A BÖLÉNY NAGYON SOVÁNY, NE FŐZZÜK 155 °F BELSŐ HŐMÉRSÉKLETEN TÚL.

2 evőkanál extra szűz olívaolaj

2 nagy édes hagyma, vékonyra szeletelve

¾ csésze Cabernet Sauvignon vagy más száraz vörösbor

1 teáskanál mediterrán fűszerek (lásdrecept)

¼ csésze extra szűz olívaolaj

¼ csésze balzsamecet

1 evőkanál finomra vágott medvehagyma

1 evőkanál apróra vágott friss bazsalikom

1 kis gerezd fokhagyma apróra vágva

1 kiló őrölt bölény

¼ csésze bazsalikom pesto (lásdrecept)

5 csésze rukkola

Nyers, sótlan pisztácia, pörkölt (lásdtipp)

1. Egy nagy serpenyőben közepes-alacsony lángon felforrósítjuk a 2 evőkanál olajat. Adjunk hozzá hagymát. Fedjük le és főzzük 10-15 percig, vagy amíg a hagyma megpuhul, időnként megkeverve. Felfedez; főzzük és keverjük közepes lángon 3-5 percig, vagy amíg a hagyma aranybarna nem lesz. adjunk hozzá bort;

főzzük körülbelül 5 percig, vagy amíg a bor nagy része el nem párolog. Megszórjuk mediterrán fűszerekkel; tartsd melegen.

2. Ezalatt a vinaigrette-hez keverj össze ¼ csésze olívaolajat, ecetet, medvehagymát, bazsalikomot és fokhagymát egy üvegben. Fedjük le és jól rázzuk össze.

3. Egy nagy tálban enyhén keverjük össze a darált bölényt és a bazsalikomos pestót. Enyhén formáljunk a húskeverékből négy ¾ hüvelyk vastag pogácsákat.

4. Faszén- vagy gázgrill esetén helyezze a pogácsákat közvetlenül egy enyhén zsírozott sütőrácsra közepesen magas lángon. Fedjük le, és grillezzük a kívánt készre (145 °F közepesen ritka vagy 155 °F közepes), körülbelül 10 percig. A főzés felénél forgassa meg egyszer.

5. Helyezze a rukkolát egy nagy tálba. Csorgassunk vinaigrette-et a rukkolára; kabátba dobni. Tálaláshoz osszuk el a hagymát négy tányérra. Mindegyik tetejére egy bölényhamburgert teszünk. A burger tetejére rakétát rakunk, és megszórjuk pisztáciával.

BÖLÉNY ÉS BÁRÁNYKENYÉR MÁNGOLDON ÉS ÉDESBURGONYÁN

KÉSZÍTMÉNY:1 óra főzés: 20 perc sütés: 1 óra állás: 10 perc
készítés: 4 adag

EZ EGY RÉGIMÓDI OTTHONI FŐZÉSMODERN ÉRINTÉSSEL. A
VÖRÖSBOROS SERPENYŐS SZÓSZ ÍZLÖKÉST AD A FASÍRTNAK,
A KESUDIÓKRÉMMEL ÉS KÓKUSZOLAJJAL PÉPESÍTETT
MÁNGOLD ÉS ÉDESBURGONYA PEDIG HIHETETLEN
TÁPÉRTÉKET KÍNÁL.

2 evőkanál olívaolaj

1 csésze finomra vágott cremini gomba

½ csésze apróra vágott vöröshagyma (1 közepes)

½ csésze finomra vágott zeller (1 szár)

⅓ csésze finomra vágott sárgarépa (1 kicsi)

½ kis alma, kimagozva, meghámozva és apróra vágva

2 gerezd fokhagyma, apróra vágva

½ teáskanál mediterrán fűszer (lásdrecept)

1 nagy tojás, enyhén felverve

1 evőkanál friss zsálya

1 evőkanál apróra vágott friss kakukkfű

8 uncia őrölt bölény

8 uncia darált bárány- vagy marhahús

¾ csésze száraz vörösbor

1 közepes medvehagyma, apróra vágva

¾ csésze marhacsontleves (lásdrecept) vagy
    marhahúsleves hozzáadott só nélkül

Édesburgonyapüré (lásdrecept, lent)

Fokhagymás mángold (lásd recept, lent)

1. Melegítse elő a sütőt 350°F-ra. Egy nagy serpenyőben közepes lángon hevítsünk olajat. Adjunk hozzá gombát, hagymát, zellert és sárgarépát; főzzük és keverjük körülbelül 5 percig, vagy amíg a zöldségek megpuhulnak. csökkentse a hőt alacsonyra; hozzáadjuk a zúzott almát és a fokhagymát. Fedjük le és főzzük körülbelül 5 percig, vagy amíg a zöldségek nagyon megpuhulnak. Vegye le a tűzhelyről; Belekeverjük a mediterrán fűszereket.

2. Egy lyukas kanál segítségével adjuk hozzá a gombás keveréket egy nagy tálba, a cseppeket a serpenyőben tartva. Hozzákeverjük a tojást, a zsályát és a kakukkfüvet. Adjunk hozzá őrölt bölényt és őrölt bárányt; könnyen összekeverjük. Helyezze a húskeveréket egy 2 literes téglalap alakú rakott edénybe. Formázzunk egy 7 × 4 hüvelykes téglalapot. Süssük körülbelül 1 órán keresztül, vagy amíg az azonnali leolvasású hőmérő 155 °F-ot nem mutat. 10 percig állni hagyjuk. A fasírtot óvatosan tálalótálra helyezzük. Fedjük le és tartsuk melegen.

3. A serpenyős szószhoz a serpenyőben lévő cseppeket és ropogósra pirított darabkákat kaparjuk le a serpenyőben. Adjunk hozzá bort és medvehagymát. Forraljuk fel közepes lángon; felére főzzük. Adjunk hozzá marhahús csontlevest; főzzük, és addig keverjük, amíg fele nem esik. Vegye le a serpenyőt a tűzhelyről.

4. A tálaláshoz osszuk el az édesburgonyapürét négy tálra. A tetejére egy kis fokhagymás mángold. szelet húskenyér; A szeleteket fokhagymás mángoldra fektetjük, és meglocsoljuk a serpenyős szósszal.

Édesburgonyapüré: Hámozzon meg és vágjon durvára 4 közepes méretű édesburgonyát. Egy nagy serpenyőben főzzük meg a burgonyát annyi forrásban lévő vízben, hogy ellepje, 15 percig, vagy amíg megpuhul. csatorna. Burgonyanyomóval pépesítjük. Adjunk hozzá ½ csésze kesudiókrémet (lásdrecept) és 2 evőkanál finomítatlan kókuszolaj; simára pürésítjük. tartsd melegen

Fokhagymás mángold: Távolítsa el a szárakat 2 köteg mángoldról, és dobja el őket. A leveleket durvára vágjuk. Egy nagy serpenyőben melegíts fel 2 evőkanál olívaolajat közepesen magas lángon. Adjunk hozzá mángoldot és 2 gerezd darált fokhagymát; addig főzzük, amíg a mángold megfonnyad, időnként megforgatva csipesszel.

BÖLÉNY HÚSGOMBÓC ALMÁS RIBIZLI SZÓSSZAL ÉS CUKKINI PAPPARDELLE-VEL

KÉSZÍTMÉNY:Sütés 25 perc: főzés 15 perc: 18 perc készítés: 4 adag

A HÚSGOMBÓC NAGYON NEDVES LESZHOGYAN KÉSZÍTED ŐKET. TARTSON KÉZNÉL EGY TÁL HIDEG VIZET, ÉS MUNKA KÖZBEN IDŐNKÉNT NEDVESÍTSE MEG A KEZÉT, HOGY A HÚSKEVERÉK NE TAPADJON A KEZÉHEZ. A FASÍRT KÉSZÍTÉSE KÖZBEN NÉHÁNYSZOR CSERÉLJÜK KI A VIZET.

HÚSGOLYÓK
olivaolaj
½ csésze durvára vágott vöröshagyma
2 gerezd fokhagyma, apróra vágva
1 tojás, enyhén felverve
½ csésze finomra vágott gomba és szár
2 evőkanál friss olasz petrezselyem (lapos levelű)
2 teáskanál olívaolaj
1 font őrölt bölény (durvára őrölt, ha van)

ALMA ÉS RIBIZLI SZÓSZ
2 evőkanál olívaolaj
2 nagy Granny Smith alma, meghámozva, kimagozva és apróra vágva
2 medvehagyma, apróra vágva
2 evőkanál friss citromlé
½ csésze csirke csontleves (lásdrecept) vagy csirkehúsleves hozzáadott só nélkül
2-3 evőkanál szárított ribizli

56

CUKKINI PAPPARDELLE

6 cukkini

2 evőkanál olívaolaj

¼ csésze finomra vágott zöldhagyma

½ teáskanál törött pirospaprika

2 gerezd fokhagyma, apróra vágva

1. A húsgombócokhoz melegítse elő a sütőt 375°F-ra. Egy peremes tepsit enyhén megkenünk olívaolajjal. félretesz. Aprítógépben vagy turmixgépben turmixoljuk össze a hagymát és a fokhagymát. impulzus simára. Helyezze a hagymás keveréket egy közepes tálba. Adjunk hozzá tojást, gombát, petrezselymet és 2 teáskanál olajat; keverjük össze. Adjunk hozzá őrölt bölényt; könnyű, de jól keverjük össze. Osszuk a húskeveréket 16 részre; fasírtokat formázunk. Helyezze a húsgombócokat egyenletesen az előkészített tepsire. sütjük 15 percig; félretesz.

2. A szószhoz hevíts fel 2 evőkanál olajat egy serpenyőben közepesen magas lángon. Adjunk hozzá almát és medvehagymát; főzzük és keverjük 6-8 percig, vagy amíg nagyon puha nem lesz. Belekeverjük a citromlevet. Tegye át a keveréket egy konyhai robotgépbe vagy turmixgépbe. Fedjük le és dolgozzuk fel vagy keverjük simára; vissza a serpenyőbe. Hozzákeverjük a csirke csontlevest és a ribizlit. felforral; Csökkentse a hőt. Fedő nélkül pároljuk 8-10 percig, gyakran kevergetve. Adjunk hozzá húsgombócokat; főzzük és lassú tűzön keverjük, amíg át nem melegszik.

3. Közben a pappardelle-hez vágjuk le a cukkini végeit. Mandolin vagy nagyon éles zöldséghámozó segítségével

vékony szalagokra borotváld a cukkinit. (A szalagok érintetlenségének megőrzése érdekében hagyja abba a borotválkozást, miután elérte a tök közepén lévő magokat.) Egy extra nagy serpenyőben melegítsen fel 2 evőkanál olajat közepesen magas lángon. Keverje hozzá az újhagymát, a törött pirospaprikát és a fokhagymát; forraljuk fel és keverjük 30 másodpercig. Adjunk hozzá cukkini szalagokat. Óvatosan kevergetve főzzük körülbelül 3 percig, vagy csak addig, amíg megfonnyad.

4. Tálaláshoz osszuk el a pappardelle-t négy tányérra. A tetejére húsgombócot és almás ribizli szószt.

BÖLÉNY ÉS BOLOGNAI VARGÁNYA SÜLT FOKHAGYMÁS SPAGETTITÖKKEL

KÉSZÍTMÉNY:30 perc főzés: 1 óra 30 perc sütés: 35 perc készítés: 6 adag

AMIKOR AZT HITTED, HOGY ETTÉLGONDOLJON VISSZA AZ UTOLSÓ ÉTELÉRE, A SPAGETTIRE HÚSMÁRTÁSSAL, AMIKOR ELINDÍTOTTA A THE PALEO DIET®-T. EZT A GAZDAG BOLOGNAIT FOKHAGYMÁVAL, VÖRÖSBORRAL ÉS FÖLDES VARGÁNYÁVAL ÉDES, FOGAS SPAGETTITÖK SZÁLAKRA KANALAZZUK. EGY CSEPPET SEM FOG HIÁNYOZNI A TÉSZTA.

1 uncia szárított vargánya

1 csésze forrásban lévő víz

3 evőkanál extra szűz olívaolaj

1 kiló őrölt bölény

1 csésze apróra vágott sárgarépa (2)

½ csésze apróra vágott hagyma (1 közepes)

½ csésze finomra vágott zeller (1 szár)

4 gerezd fokhagyma apróra vágva

3 evőkanál sómentes paradicsompüré

½ csésze vörösbor

2 15 uncia konzerv sózatlan apróra vágott paradicsom

1 teáskanál szárított oregánó, összetörve

1 teáskanál szárított kakukkfű, apróra vágva

½ teáskanál fekete bors

1 közepes spagettitök (2½-3 font)

1 gumó fokhagyma

1. Egy kis tálban keverjük össze a vargányát és a forrásban lévő vizet. Hagyja 15 percig. Szűrje át egy 100% pamut bélésű szűrőn, tartsa le az áztatófolyadékot. aprítsuk a gombát; oldal beállítása.

2. Egy 4-5 literes sütőben melegíts fel 1 evőkanál olívaolajat közepesen magas lángon. Adjunk hozzá őrölt bölényt, sárgarépát, hagymát, zellert és fokhagymát. Addig főzzük, amíg a hús megbarnul és a zöldségek megpuhulnak, fakanállal kevergetve a húst széttörjük. Adjunk hozzá paradicsompürét; forraljuk fel és keverjük 1 percig. Adjunk hozzá vörösbort; forraljuk fel és keverjük 1 percig. Keverje hozzá a vargányát, a paradicsomot, az oregánót, a kakukkfüvet és a borsot. Adjunk hozzá fenntartott gombafolyadékot, ügyelve arra, hogy az edény alján ne legyen szemcse vagy őrlemény. Forraljuk fel, időnként megkeverve; Csökkentse a hőt alacsonyra. Fedjük le és pároljuk 1½-2 órán át, vagy amíg el nem érjük a kívánt állagot.

3. Közben melegítse elő a sütőt 375°F-ra. A tököt hosszában félbevágjuk; kaparjuk ki a magokat. Tegye a tök felét oldalukkal lefelé egy nagy rakott edénybe. Egy villával szurkáljuk meg a bőrt mindenhol. Vágja le a fokhagyma fejének felső ½ hüvelyknyi részét. Az apróra vágott fokhagymát a sütőtökkel együtt a rakott edénybe tesszük. Meglocsoljuk a maradék 1 evőkanál olívaolajjal. Süssük 35-45 percig, vagy amíg a tök és a fokhagyma megpuhul.

4. Egy kanál és villa segítségével távolítsa el és aprítsa fel a tök húsát minden tökfélről. Tedd egy tálba, és fedd le,

hogy meleg legyen. Amikor a fokhagyma kellően kihűlt, nyomja meg a hagyma alját, hogy kihúzza a gerezdeket. A fokhagymagerezdeket villával törjük össze. A tökhöz keverjük a zúzott fokhagymát, egyenletesen elosztva a fokhagymát. Tálaláskor öntsük a szószt a sütőtökös keverékre.

BISON CHILI CON CARNE

KÉSZÍTMÉNY:Főzés 25 perc: 1 óra 10 perc így: 4 adag

ÉDESÍTETLEN CSOKOLÁDÉ, KÁVÉ ÉS FAHÉJADJON
ÉRDEKLŐDÉST EHHEZ A SÓS KEDVENCHEZ. HA MÉG
FÜSTÖSEBB ÍZT SZERETNE, 1 EVŐKANÁL ÉDES FÜSTÖLT
PAPRIKÁT HELYETTESÍTSEN A HAGYOMÁNYOS PAPRIKÁVAL.

3 evőkanál extra szűz olívaolaj

1 kiló őrölt bölény

½ csésze apróra vágott hagyma (1 közepes)

2 gerezd fokhagyma, apróra vágva

2 14,5 uncia konzerv kockára vágott paradicsom hozzáadott
   só nélkül, sózatlanul

1 6 uncia doboz sómentes paradicsompüré

1 csésze marha csontleves (lásdrecept) vagy marhahúsleves
   hozzáadott só nélkül

½ csésze erős kávé

2 uncia 99%-os kakaós sütőrúd, apróra vágva

1 evőkanál paprika

1 teáskanál őrölt kömény

1 teáskanál szárított oregánó

1½ teáskanál füstös fűszerezés (lásdrecept)

½ teáskanál őrölt fahéj

⅓ csésze pepitas

1 teáskanál olívaolaj

½ csésze kesudiókrém (lásdrecept)

1 teáskanál friss limelé

½ csésze friss korianderlevél

4 lime ék

1. Egy holland sütőben melegítse fel a 3 evőkanál olívaolajat közepesen magas lángon. Adjunk hozzá őrölt bölényt, hagymát és fokhagymát; 5 percig főzzük, vagy amíg a hús megbarnul, fakanállal kevergetve, hogy a hús feltörjön. Hozzákeverjük a lecsepegtetetlen paradicsomot, a paradicsompürét, a marhacsontlevest, a kávét, a sütőcsokoládét, a paprikát, a köményt, az oregánót, az 1 teáskanál füstölt fűszert és a fahéjat. felforral; Csökkentse a hőt. Lefedve, időnként megkeverve, 1 órán át pároljuk.

2. Közben egy kis serpenyőben pirítsd meg a pepitákat 1 teáskanál olívaolajon, közepesen magas lángon, amíg felpattannak és aranybarnák nem lesznek. Helyezze a pepitákat egy kis tálba. adjunk hozzá maradék ½ teáskanál füstös fűszerezést; kabátba dobni.

3. Egy kis tálban keverjük össze a kesudiókrémet és a lime levét.

4. Tálaláshoz kanalazd a chilit tálakba. A felső részek kesudiókrémmel, pepitával és korianderrel. Lime szeletekkel tálaljuk.

MAROKKÓI FŰSZEREZETT BÖLÉNY STEAK GRILLEZETT CITROMMAL

KÉSZÍTMÉNY:10 perc grillezés: 10 perc: 4 adag

TÁLALJA FEL EZEKET A GYORSAN ELKÉSZÍTHETŐ STEAKEKETHŰVÖS ÉS ROPOGÓSRA FŰSZEREZETT SÁRGARÉPÁS KÁPOSZTASALÁTÁVAL (LÁSDRECEPT). HA VALAMI FINOMSÁGRA VÁGYIK, GRILLEZETT ANANÁSZ KÓKUSZKRÉMMEL (LÁSDRECEPT) JÓ MÓDJA LENNE AZ ÉTKEZÉS BEFEJEZÉSÉNEK.

2 evőkanál őrölt fahéj

2 evőkanál paprika

1 evőkanál fokhagyma por

¼ teáskanál cayenne bors

4 db 6 uncia bölényfilé mignon steak, ¾-1 hüvelyk vastagra szeletelve

2 citrom vízszintesen félbevágva

1. Egy kis tálban keverjük össze a fahéjat, a paprikát, a fokhagymaport és a cayenne borsot. Papírtörlővel szárítsa meg a steakeket. A steak mindkét oldalát bedörzsöljük a fűszerkeverékkel.

2. Faszén- vagy gázgrill esetén helyezze a steakeket közvetlenül a sütőrácsra közepesen magas hőfokon. Fedjük le és grillezzük 10–12 percig közepesen ritka (145 °F) vagy 12–15 percig közepesen ritka sütőben (155 °F). A főzés felénél egyszer fordítsa meg. Közben a citromféléket oldalukkal lefelé a sütőrácsra helyezzük.

Grillezzön 2-3 percig, vagy amíg enyhén megpirul és lédús lesz.

3. Grillezett citromfélékkel tálaljuk, hogy a steakeket összenyomjuk.

HERBES DE PROVENCE RESZELT BÖLÉNY HÁTSZÍN

KÉSZÍTMÉNY:15 perc főzés: 15 perc sütés: 1 óra 15 perc állva: 15 perc készítés: 4 adag

A HERBES DE PROVENCE EGY KEVERÉKSZÁRÍTOTT FŰSZERNÖVÉNYEK, AMELYEK BŐSÉGESEN NŐNEK DÉL-FRANCIAORSZÁGBAN. A KEVERÉK ÁLTALÁBAN BAZSALIKOM, ÉDESKÖMÉNYMAG, LEVENDULA, MAJORÁNNA, ROZMARING, ZSÁLYA, NYÁRI SÓS ÉS KAKUKKFŰ KOMBINÁCIÓJÁT TARTALMAZZA. POMPÁS ÍZŰ EZEN A NAGYON AMERIKAI SÜLTEN.

1 3 kiló bölény hátszín

3 evőkanál Herbes de Provence

4 evőkanál extra szűz olívaolaj

3 gerezd fokhagyma apróra vágva

4 kis paszternák, meghámozva és apróra vágva

2 érett körte kimagozva és apróra vágva

½ csésze cukrozatlan körtenektár

1-2 teáskanál friss kakukkfű

1. Melegítse elő a sütőt 375°F-ra. Vágja le a zsírt a sültről. Egy kis tálban keverje össze a Herbes de Provence-ot, 2 evőkanál olívaolajat és fokhagymát; dörzsölje át az egész sültet.

2. Helyezze a sültet egy rácsra egy sekély serpenyőbe. Helyezzen be egy sütő hőmérőt a sült közepébe. * 15 percig sütjük fedő nélkül. Csökkentse a sütő hőmérsékletét 300 °F-ra. Pörköljön további 60-65

percig, vagy amíg a húshőmérő 140 °F-ot nem mutat (közepesen ritka). Fedjük le fóliával és hagyjuk állni 15 percig.

3. Egy nagy serpenyőben közepes-magas lángon felforrósítjuk a maradék 2 evőkanál olívaolajat. adjunk hozzá paszternákot és körtét; Főzzük 10 percig, vagy amíg a paszternák ropogós és puha nem lesz, időnként megkeverve. adjunk hozzá körtenektárt; 5 percig főzzük, vagy amíg a szósz kissé besűrűsödik. Megszórjuk kakukkfűvel.

4. Vágja vékony szeletekre a sültet. A húst paszternákkal és körtével tálaljuk.

*Tipp: A bölény nagyon sovány, és gyorsabban fő, mint a marhahús. Ezenkívül a hús színe vörösebb, mint a marhahús, így nem támaszkodhat vizuális jelzésekre a készenlét meghatározásához. Szüksége lesz egy húshőmérőre, hogy tudja, mikor készült el a hús. A sütő hőmérője ideális, de nem szükséglet.

KÁVÉ PÁROLT BÖLÉNY RÖVID BORDA MANDARIN GREMOLATÁVAL ÉS ZELLERGYÖKÉR PÉPPEL

KÉSZÍTMÉNY:15 perc főzés: 2 óra 45 perc: 6 adag

A BÖLÉNY RÖVID BORDÁI NAGYOK ÉS HÚSOSAK.JÓ HOSSZÚ FŐZÉSRE VAN SZÜKSÉGÜK FOLYADÉKBAN, HOGY MEGPUHULJANAK. A MANDARINHÉJÚ GREMOLATA FELDOBJA ENNEK AZ ÍZLETES ÉTELNEK AZ ÍZÉT.

PÁC
- 2 csésze vizet
- 3 csésze erős kávé, lehűtve
- 2 csésze friss mandarinlé
- 2 evőkanál vágott friss rozmaring
- 1 teáskanál durvára őrölt fekete bors
- 4 font bölény rövid bordák, a bordák közé vágva, hogy elválasszon

PÁROLÁS
- 2 evőkanál olívaolaj
- 1 teáskanál fekete bors
- 2 csésze apróra vágott hagyma
- ½ csésze apróra vágott medvehagyma
- 6 gerezd fokhagyma apróra vágva
- 1 jalapeño chili kimagozva és apróra vágva (lásdtipp)
- 1 csésze erős kávé
- 1 csésze marha csontleves (lásdrecept) vagy marhahúsleves hozzáadott só nélkül
- ¼ csésze Paleo ketchup (lásdrecept)

2 evőkanál dijoni mustár (lásdrecept)

3 evőkanál almaecet

Zellergyökér pép (lásdrecept, lent)

Mandarin Gremolata (lásdrecept, Jobb)

1. A páchoz egy nagy, nem reakcióképes edényben (üveg vagy rozsdamentes acél) keverje össze a vizet, a hűtött kávét, a mandarinlevet, a rozmaringot és a fekete borsot. bordákat adjunk hozzá. Ha szükséges, tegyen egy tányért a bordák tetejére, hogy elmerüljenek. Fedjük le és tegyük hűtőbe 4-6 órára, egyszer átrendezzük és megkeverjük.

2. Az edénysülthez melegítse elő a sütőt 325°F-ra. Csöpögtessük le a bordákat, és dobjuk ki a pácot. Papírtörlővel szárítsa meg a bordákat. Egy nagy holland sütőben melegítsünk olívaolajat közepesen magas lángon. A bordákat fekete borssal ízesítjük. A bordákat adagonként pirítsd meg, amíg minden oldaluk meg nem pirul, adagonként körülbelül 5 percig. Helyezze egy nagy tányérra.

3. Adja hozzá a hagymát, a medvehagymát, a fokhagymát és a jalapenót a serpenyőbe. Csökkentse a hőt közepesre, fedje le és főzze, amíg a zöldségek megpuhulnak. Időnként keverje meg őket körülbelül 10 percig. Adjunk hozzá kávét és húslevest; keverjük össze és kaparjuk le a megbarnult darabokat. Adjunk hozzá Paleo ketchupot, Dijon-stílusú mustárt és ecetet. Felforral. bordákat adjunk hozzá. Lefedjük és betesszük a sütőbe. Főzzük, amíg a hús megpuhul, körülbelül 2 óra 15 percig, enyhén megkeverve és egyszer-kétszer átrendezve a bordákat.

4. Tegye a bordákat egy tányérra; Sátor fóliával, hogy melegen tartsa. kanál zsírt a szósz felületéről. Főzzük a szószt 2 csészére, körülbelül 5 percig. A zellergyökér-cefrét 6 tányérra osztjuk; Tetejére bordával és szósszal. Megszórjuk mandarin gremolatával.

Zellergyökér pép: egy nagy serpenyőben keverj össze 3 kiló zellergyökeret, meghámozva és 1 hüvelykes darabokra vágva, és 4 csésze csirkecsontlevest (lásd recept) vagy sózatlan csirkehúsleves. felforral; Csökkentse a hőt. A zellergyökeret lecsepegtetjük, és a húslevest tartalékoljuk. Tedd vissza a zeller gyökerét az edénybe. Adjunk hozzá 1 evőkanál olívaolajat és 2 teáskanál apróra vágott friss kakukkfüvet. Burgonyanyomóval törje össze a zeller gyökerét, és adjon hozzá néhány evőkanál húslevest, hogy elérje a kívánt állagot.

Mandarin Gremolata: Egy kis tálban dobjon össze ½ csésze friss petrezselymet, 2 evőkanál finomra vágott mandarinhéjat és 2 gerezd darált fokhagymát.

MARHACSONTLEVES

KÉSZÍTMÉNY:25 perc pörkölés: 1 óra főzés: 8 óra készítés: 8-10 csésze

A CSONTOS ÖKÖRFARKOKBÓL RENDKÍVÜL ÍZLETES HÚSLEVEST KÉSZÍTENEKBÁRMILYEN RECEPTBEN FELHASZNÁLHATÓ, AMELYHEZ MARHAHÚSLEVES SZÜKSÉGES – VAGY EGYSZERŰEN EGY CSÉSZE ELVITELKÉNT A NAP BÁRMELY SZAKÁBAN. BÁR KORÁBBAN ÖKÖRBŐL SZÁRMAZTAK, AZ ÖKÖRFARKKÓRÓ MA MÁR SZARVASMARHAFÉLÉKBŐL SZÁRMAZIK.

5 sárgarépa, durvára vágva

5 rúd zeller, durvára vágva

2 db sárgahagyma hámozatlanul, félbevágva

8 uncia fehér gomba

1 hagymás fokhagyma, hámozatlan, félbevágva

2 kiló ökörfarkcsont vagy marhacsont

2 paradicsom

12 csésze hideg víz

3 babérlevél

1. Melegítse elő a sütőt 400°F-ra. Egy nagy tepsiben vagy sekély edényben rendezze el a sárgarépát, a zellert, a hagymát, a gombát és a fokhagymát. Helyezze a csontokat a zöldségek tetejére. A paradicsomot robotgépben turmixoljuk simára. Az öntethez kenjük a paradicsomot a csontra (nem baj, ha a püré egy része a serpenyőre és a zöldségekre csöpög). 1-1,5 órán át sütjük, vagy amíg a csontok mélybarnák nem lesznek, a zöldségek pedig karamellizálódnak. Tegye át a

71

csontokat és a zöldségeket egy 10-12 literes sütőbe vagy fazékba. (Ha a paradicsomkeverék egy része karamellizálódik a serpenyő alján, öntsön 1 csésze forró vizet a serpenyőbe, és kaparjon le minden darabot. Öntse a folyadékot a csontokra és a zöldségekre, 1 csészével csökkentve a víz mennyiségét.

2. Lassan forraljuk fel a keveréket közepes-magas lángon. Csökkentse a hőt; Fedjük le a húslevest, és forraljuk 8-10 órán át, időnként megkeverve.

3. Szűrjük le a húslevest; Dobja el a csontokat és a zöldségeket. hűvös húsleves; Vigye át a húslevest tárolóedényekbe, és tegye hűtőszekrénybe legfeljebb 5 napig; 3 hónapig fagyasztható. *

Útmutató a lassú tűzéshez: 6-8 literes lassú tűzhelyhez használjon 1 font marhacsontot, 3 sárgarépát, 3 rúd zellert, 1 sárgahagymát és 1 vöröshagymát. 1 paradicsomot pürésítünk, és a csontokra reszeljük. Főzzük az utasítás szerint, és adjuk hozzá a csontokat és a zöldségeket a lassú tűzhelyhez. A karamellizált paradicsomot az utasítás szerint kaparjuk le, és adjuk hozzá a lassú tűzhelyhez. Adjunk hozzá annyi vizet, hogy ellepje. Fedjük le és főzzük nagy lángon, amíg a húsleves fel nem forr, körülbelül 4 óra. Csökkentse alacsony hőfokra; 12-24 óráig főzzük. törzsleves; Dobja el a csontokat és a zöldségeket. Tárolja az utasításoknak megfelelően.

*Tipp: A húsleves zsírjának könnyű eltávolításához tartsa a húslevest egy éjszakán át a hűtőben egy fedett edényben. A zsír a tetejére emelkedik, és szilárd réteget képez, amely könnyen lekaparható. A húsleves lehűlés után besűrűsödhet.

TUNÉZIAI FŰSZERRE RESZELT SERTÉSLAPOCKA FŰSZERES ÉDESBURGONYÁS KRUMPLIVAL

KÉSZÍTMÉNY:25 perc sütés: 4 óra sütés: 30 perc készítés: 4 adag

EZ EGY NAGYSZERŰ ÉTELEGY HŰVÖS ŐSZI NAPON. A HÚST ÓRÁKIG SÜTJÜK A SÜTŐBEN, ÍGY CSODÁLATOS ILLATA VAN A HÁZNAK, ÉS VAN IDEJE MÁS DOLGOKRA IS. A KEMENCÉBEN SÜLT ÉDESBURGONYA KRUMPLI NEM LESZ OLYAN ROPOGÓS, MINT A FEHÉR BURGONYA, DE ÖNMAGÁBAN IS FINOM, FŐLEG FOKHAGYMÁS MAJONÉZBE MÁRTVA.

DISZNÓHÚS
  1 2½-3 font csontos sertés lapocka
  2 teáskanál őrölt ancho chili paprika
  2 teáskanál őrölt kömény
  1 teáskanál kömény, enyhén összetörve
  1 teáskanál őrölt koriander
  ½ teáskanál őrölt kurkuma
  ¼ teáskanál őrölt fahéj
  3 evőkanál olívaolaj

SÜLTKRUMPLI
  4 közepes édesburgonya (kb. 2 font), meghámozva és ½ hüvelykes szeletekre vágva
  ½ teáskanál törött pirospaprika
  ½ teáskanál hagymapor
  ½ teáskanál fokhagymapor
  olivaolaj

1 vöröshagyma, vékonyra szeletelve

Paleo Aïoli (fokhagymás majonéz) (lásdrecept)

1. Melegítse elő a sütőt 300°F-ra. Vágja le a zsírt a húsból. Egy kis tálban keverje össze az őrölt ancho chili paprikát, az őrölt köményt, a köményt, a koriandert, a kurkumát és a fahéjat. Megszórjuk a húst fűszerkeverékkel; Ujjaival egyenletesen dörzsöljük bele a húsba.

2. Egy 5-6 literes sütőálló holland sütőben melegíts fel 1 evőkanál olívaolajat közepesen magas lángon. A sertéshúst minden oldalát megsütjük forró olajban. Fedjük le és pároljuk körülbelül 4 órán keresztül, vagy amíg nagyon puha nem lesz, és a húshőmérő 190 °F-ot mutat. Vegye ki a holland sütőt a sütőből. Hagyja letakarva, amíg elkészíti az édesburgonya krumplit és a hagymát, és a zsiradékból 1 evőkanálnyit a holland sütőben tároljon.

3. Növelje a sütő hőmérsékletét 400 F. Az édesburgonya krumplihoz egy nagy tálban keverje össze az édesburgonyát, a maradék 2 evőkanál olívaolajat, a törött pirospaprikát, a hagymaport és a fokhagymaport. kabátba dobni. Béleljünk ki egy nagy tepsit vagy két kisebbet fóliával; Kenjük meg további olívaolajjal. Az elkészített tepsire egy rétegben elrendezzük az édesburgonyát. Körülbelül 30 percig sütjük, vagy amíg megpuhul, a sütés felénél egyszer megfordítjuk a jamgyökéreket.

4. Közben vegye ki a húst a holland sütőből. Fóliával letakarjuk, hogy meleg legyen. Lecsepegtetjük, 1

evőkanál zsírt lecsepegtetünk. Tegye vissza a fenntartott zsírt a holland sütőbe. adjunk hozzá hagymát; Főzzük közepesen magas lángon, körülbelül 5 percig, vagy amíg megpuhul, időnként megkeverve.

5. Helyezze a sertéshúst és a hagymát egy tálra. Két villa segítségével nagy darabokra húzzuk a sertéshúst. Sertéshúst és krumplit Paleo Aïolival tálaljuk.

KUBAI GRILLEZETT SERTÉS LAPOCKA

KÉSZÍTMÉNY:Pácolás 15 perc: 24 óra Grill: 2 óra 30 perc
Állvány: 10 perc Elkészítés: 6-8 adag

SZÁRMAZÁSI ORSZÁGÁBAN "LECHON ASADO" NÉVEN
ISMERT,EZT A SÜLT SERTÉSHÚST FRISS CITRUSLEVEK,
FŰSZEREK, TÖRÖTT PIROSPAPRIKA ÉS EGY EGÉSZ HAGYMA
APRÓRA VÁGOTT FOKHAGYMA KEVERÉKÉBEN PÁCOLJÁK. EGY
ÉJSZAKAI PÁCBAN VALÓ ÁZTATÁS UTÁN FORRÓ PARÁZSON
FŐZVE CSODÁLATOS ÍZT AD.

1 gerezd fokhagyma, gerezd szétválasztva, meghámozva és
   apróra vágva

1 csésze durvára vágott hagyma

1 csésze olívaolaj

1⅓ csésze friss limelé

⅔ csésze friss narancslé

1 evőkanál őrölt kömény

1 evőkanál szárított oregánó, apróra vágva

2 teáskanál frissen őrölt fekete bors

1 teáskanál törött pirospaprika

1 db 4-5 kilós csont nélküli sertés lapocka

1. A páchoz a fokhagymát gerezdekre vágjuk. meghámozzuk
   és felaprítjuk a szegfűszeget; tedd egy nagy tálba. Adjuk
   hozzá a hagymát, az olívaolajat, a lime levét, a
   narancslevet, a köményt, az oregánót, a fekete borsot és
   a törött pirospaprikát. Jól elkeverjük és félretesszük.

2. Csontozókéssel szúrja át mélyen a sertéssültet. Óvatosan
   tegyük a sült pácba, a lehető legtöbb folyadékot öntsük

alá. Fedje le szorosan a tálat műanyag fóliával. 24 órára hűtőben pácoljuk, egyszer megforgatjuk.

3. Vegye ki a sertéshúst a pácból. A pácot egy közepes méretű serpenyőbe öntjük. felforral; 5 percig hagyjuk főni. Vegyük le a tűzhelyről és hagyjuk kihűlni. Félretesz.

4. Faszén grillezéshez helyezzen közepesen forró szenet egy csepptálca köré. Ellenőrizze a serpenyő felett, hogy közepes lángon van-e. Helyezze a húst a csepegtetőtálca feletti sütőrácsra. Fedjük le és grillezzük 2½-3 órán át, vagy amíg egy azonnali leolvasású hőmérő 140°F-ot nem mutat a sült közepén. (Gázgrill esetén melegítse elő a grillt. Csökkentse a hőt közepes-alacsonyra. Állítsa be a közvetett sütéshez. Helyezze a húst a sütőrácsra az égő felett. Fedje le és grillezzen az utasításoknak megfelelően.) Vegye ki a húst a grillről. Fedjük le fóliával, és hagyjuk állni 10 percig, mielőtt faragnánk vagy hámoznánk.

OLASZ FŰSZERRE RESZELT SERTÉSSÜLT ZÖLDSÉGEKKEL

KÉSZÍTMÉNY:20 perc Sütés: 2 óra 25 perc Állvány: 10 perc
Elkészítés: 8 adag

A "FRISS A LEGJOBB" EGY JÓ MANTRAAMIT A LEGTÖBBSZÖR KÖVETNI KELL A FŐZÉS SORÁN. A SZÁRÍTOTT FŰSZERNÖVÉNYEK AZONBAN NAGYON ALKALMASAK HÚSBA DÖRZSÖLNI. A FŰSZERNÖVÉNYEK SZÁRÍTÁSAKOR AZ ÍZÜK KONCENTRÁLÓDIK. A HÚS NEDVESSÉGÉVEL ÉRINTKEZVE FELSZABADÍTJÁK ÍZEIKET, MINT EBBEN AZ OLASZ STÍLUSÚ SÜLT PETREZSELYEMMEL, ÉDESKÖMÉNNYEL, OREGÁNÓVAL, FOKHAGYMÁVAL ÉS CSÍPŐS ZÚZOTT PIROSPAPRIKÁVAL FŰSZEREZVE.

2 evőkanál szárított petrezselyem, apróra vágva

2 evőkanál édesköménymag, összetörve

4 teáskanál szárított oregánó, összetörve

1 teáskanál frissen őrölt fekete bors

½ teáskanál törött pirospaprika

4 gerezd fokhagyma apróra vágva

1 db 4 kilós csontos sertéslapocka

1-2 evőkanál olívaolaj

1¼ csésze víz

2 közepes hagyma, meghámozva és karikákra vágva

1 nagy édesköményhagyma, levágva, kimagozva és szeletekre vágva

2 kiló kelbimbó

1. Melegítse elő a sütőt 325°F-ra. Egy kis tálban keverjük össze a petrezselymet, az édesköménymagot, az oregánót, a fekete borsot, a törött pirospaprikát és a

80

fokhagymát. félretesz. Lazítsa meg a sült sertéshúst, ha szükséges. Vágja le a zsírt a húsból. A húst minden oldalát bedörzsöljük a fűszerkeverékkel. Ha szükséges, kösse újra a sültet, hogy összetartsa.

2. Holland sütőben közepes-magas lángon hevíts olajat. A forró olajban süsd meg a húst minden oldalról. Lecsepegtetjük a zsírt. Öntse a vizet a holland sütőbe a sült köré. Fedő nélkül süssük másfél órán keresztül. Helyezze a hagymát és az édesköményt a sertéssült köré. Fedjük le és süssük további 30 percig.

3. Közben vágja le a kelbimbó szárát, és távolítsa el a fonnyadt külső leveleket. Fél kelbimbó. Helyezze a kelbimbót a holland sütőbe, és terítse el a többi zöldségre. Fedjük le és pároljuk további 30-35 percig, vagy amíg a zöldségek és a hús megpuhulnak. Tegye a húst egy tálra, és fedje le alufóliával. Szeletelés előtt 15 percig állni hagyjuk. Doss zöldségeket serpenyőben lévő levekkel bevonáshoz. Egy lyukas kanál segítségével távolítsa el a zöldségeket a tálról vagy tálból. fedjük le, hogy melegen tartsuk.

4. Távolítsa el a zsírt a serpenyőből egy nagy kanállal. A megmaradt edénylevet öntsük át egy szűrőn. Vágja fel a sertéshúst, és távolítsa el a csontot. Tálaljuk a húst zöldségekkel és serpenyős levekkel.

SLOW COOKER SERTÉSVAKOND

KÉSZÍTMÉNY:20 perc lassú főzés: 8-10 óra (alacsony) vagy 4-5 óra (magas) hozam: 8 adag

KÖMÉNNYEL, KORIANDERREL, OREGÁNÓVAL, PARADICSOMMAL, MANDULÁVAL, MAZSOLÁVAL, CHILIVEL ÉS CSOKOLÁDÉVALEZ A GAZDAG ÉS ZAMATOS SZÓSZ SOK MINDENT TARTALMAZ – NAGYON JÓ ÉRTELEMBEN. IDEÁLIS ÉTKEZÉS A REGGEL MEGKEZDÉSÉHEZ, MIELŐTT NEKIVÁGNA A NAPNAK. AMIKOR HAZAÉRSZ, A VACSORA MÁR MAJDNEM KÉSZEN VAN – ÉS A HÁZADBAN HIHETETLEN ILLATA VAN.

1 db 3 kilós csont nélküli sertés lapocka

1 csésze durvára vágott hagyma

3 gerezd fokhagyma, szeletelve

1½ csésze marhacsontleves (lásdrecept), csirke csontleves (lásdrecept) vagy marha- vagy csirkehúsleves hozzáadott só nélkül

1 evőkanál őrölt kömény

1 evőkanál őrölt koriander

2 teáskanál szárított oregánó, apróra vágva

1 15 uncia konzerv kockára vágott paradicsom hozzáadott só nélkül, lecsepegtetve

1 6 uncia konzerv paradicsompüré hozzáadott só nélkül

½ csésze reszelt mandula, pirított (lásdtipp)

¼ csésze kéntelen arany mazsola vagy ribizli

2 uncia cukrozatlan csokoládé (mint a Scharffen Berger 99%-os kakaószelet), durvára vágva

1 szárított egész ancho vagy chipotle chili paprika

2 db 4 hüvelykes fahéjrúd

¼ csésze friss koriander

1 avokádó, meghámozva, kimagozva és vékonyra szeletelve

1 lime-ot szeletekre vágunk

⅓ csésze pirított, sótlan zöld tökmag (elhagyható) (lásd tipp)

1. Vágja le a sertéssült zsírját. Ha szükséges, vágja le a húst, hogy beleférjen egy 5-6 literes lassú tűzhelybe. félretesz.

2. Keverje össze a hagymát és a fokhagymát lassú tűzhelyen. Egy 2 csésze üveg mérőedényben keverje össze a marhacsontlevest, a köményt, a koriandert és az oregánót. öntsük a tűzhelybe. Keverje hozzá a felkockázott paradicsomot, a paradicsompürét, a mandulát, a mazsolát, a csokoládét, a szárított chili paprikát és a fahéjrudakat. Tedd a húst a tűzhelybe. A tetejére öntsünk egy kis paradicsomos keveréket. Fedjük le és főzzük alacsony lángon 8-10 órán át, vagy magas lángon 4-5 órán keresztül, vagy amíg a sertés megpuhul.

3. Tegye át a sertéshúst egy vágódeszkára; hagyjuk kicsit kihűlni. Két villa segítségével kockára húzzuk a húst. Fedjük le a húst alufóliával és tegyük félre.

4. Távolítsa el és dobja ki a szárított chilipaprikát és a fahéjrudakat. A paradicsomkeverékről nagy kanállal leszedjük a zsírt. Tegye át a paradicsomkeveréket turmixgépbe vagy konyhai robotgépbe. Fedjük le és keverjük vagy dolgozzuk fel majdnem simára. Adja hozzá a visszahúzott sertéshúst és a szószt a lassú

tűzhelyhez. Tálalás előtt tartsa melegen alacsony lángon legfeljebb 2 órán keresztül.

5. Közvetlenül tálalás előtt keverje hozzá a koriandert. A vakondot tálakba tálaljuk, és avokádószeletekkel, lime-szeletekkel és ha kívánjuk, tökmaggal díszítjük.

KÖMÉNNYEL FŰSZEREZETT SERTÉS- ÉS TÖKPÖRKÖLT

KÉSZÍTMÉNY:Főzés 30 perc: 1 óra készít: 4 adag

BORSOS MUSTÁRZÖLD ÉS VAJTÖKADJON HOZZÁ ÉLÉNK SZÍNEKET ÉS EGY SOR VITAMINT, VALAMINT ROSTOT ÉS FOLSAVAT EHHEZ A KELET-EURÓPAI ÍZEKKEL FŰSZEREZETT PÖRKÖLTHÖZ.

1 1¼-1½ font sertés lapocka

1 evőkanál paprika

1 evőkanál kömény, finomra vágva

2 teáskanál száraz mustár

¼ teáskanál cayenne bors

2 evőkanál finomított kókuszolaj

8 uncia friss gomba, vékonyra szeletelve

2 szár zeller, keresztben 1 hüvelykes szeletekre vágva

1 kis vöröshagyma vékony szeletekre vágva

6 gerezd fokhagyma apróra vágva

5 csésze csirke csontleves (lásdrecept) vagy csirkehúsleves hozzáadott só nélkül

2 csésze kockára vágott, hámozott vajtök

3 csésze durvára vágott, szeletelt mustárzöld vagy kelkáposzta

2 evőkanál rántott friss zsálya

¼ csésze friss citromlé

1. Vágja le a zsírt a sertéshúsról. Vágja a sertéshúst 1,5 hüvelykes kockákra; tedd egy nagy tálba. Egy kis tálban keverjük össze a paprikát, a köményt, a száraz mustárt

és a cayenne borsot. A sertéshúsra szórjuk és egyenletesen elosztjuk.

2. Egy 4-5 literes sütőben kókuszolajat melegíts fel közepesen magas lángon. Adjuk hozzá a hús felét; barnára sütjük, időnként megkeverve. Vegyük ki a húst a serpenyőből. Ismételje meg a maradék hússal. tedd félre a húst.

3. Helyezze a gombát, a zellert, a lilahagymát és a fokhagymát a holland sütőbe. 5 percig főzzük, időnként megkeverve. Tegye vissza a húst a holland sütőbe. Óvatosan adjuk hozzá a csirke csontlevest. felforral; Csökkentse a hőt. Fedjük le és pároljuk 45 percig. Belekeverjük a sütőtököt. Fedjük le, és pároljuk további 10-15 percig, vagy amíg a sertéshús és a tök megpuhul. Belekeverjük a mustárzöldet és a zsályát. Főzzük 2-3 percig, vagy amíg a zöldek megpuhulnak. Belekeverjük a citromlevet.

GYÜMÖLCCSEL TÖLTÖTT HÁTSZÍN PÁLINKÁS SZÓSSZAL

KÉSZÍTMÉNY:30 perc főzés: 10 perc sütés: 1 óra 15 perc állva: 15 perc készítés: 8-10 adag

EZ AZ ELEGÁNS SÜLT TÖKÉLETESEGY KÜLÖNLEGES ALKALOM VAGY EGY CSALÁDI ÖSSZEJÖVETEL – KÜLÖNÖSEN ŐSSZEL. ÍZEI – ALMA, SZERECSENDIÓ, SZÁRÍTOTT GYÜMÖLCS ÉS PEKÁNDIÓ – MEGRAGADJÁK AZ IDEI SZEZON ESSZENCIÁJÁT. ÉDESBURGONYAPÜRÉVEL, ÁFONYÁS ÉS SÜLT RÉPA KÁPOSZTA SALÁTÁVAL TÁLALJUK (LÁSDRECEPT).

SÜLT HÚS

- 1 evőkanál olívaolaj
- 2 csésze apróra vágott, hámozott Granny Smith alma (kb. 2 közepes)
- 1 medvehagyma, finomra vágva
- 1 evőkanál apróra vágott friss kakukkfű
- ¾ teáskanál frissen őrölt fekete bors
- ⅛ teáskanál őrölt szerecsendió
- ½ csésze apróra vágott kéntelen aszalt sárgabarack
- ¼ csésze apróra vágott pekándió, pirítva (lásdtipp)
- 1 csésze csirke csontleves (lásdrecept) vagy csirkehúsleves hozzáadott só nélkül
- 1 3 kiló csont nélküli sertéssült csont nélkül (karaj)

PÁLINKÁS SZÓSZ

- 2 evőkanál almabor
- 2 evőkanál brandy
- 1 teáskanál dijoni mustár (lásdrecept)
- Frissen őrölt fekete bors

1. A töltéshez olívaolajat hevítünk egy nagy serpenyőben közepesen magas lángon. Adjunk hozzá almát, medvehagymát, kakukkfüvet, ¼ teáskanál borsot és szerecsendiót; Főzzük 2-4 percig, vagy amíg az alma és a mogyoróhagyma megpuhul és világos aranyszínű, alkalmanként megkeverve. Keverje hozzá a sárgabarackot, a pekándiót és 1 evőkanál húslevest. Fedő nélkül 1 percig főzzük, hogy a sárgabarack megpuhuljon. Levesszük a tűzhelyről és félretesszük.

2. Melegítse elő a sütőt 325°F-ra. Pillangósítsa meg a sertéssültet úgy, hogy a sült közepét hosszában levágja, és a másik oldalát fél hüvelyk távolságra levágja. A sültet kiterítjük. Helyezze a kést a V-metszetbe, vízszintesen a V egyik oldala felé, és vágja le fél hüvelyknyire az oldalától. Ismételje meg a V. másik oldalán. Terítse ki a sültet, és fedje le műanyag fóliával. Körülbelül 1 cm vastagságúra verjük át a sültet a közepétől a szélekig egy húskalapáccsal. Távolítsa el és dobja ki a műanyag fóliát. A tölteléket rákenjük a sültre. Az egyik rövid oldalától kezdve spirálban tekerjük a sültet. Kösd át több helyen 100% pamut konyhai zsinórral, hogy összetartsd a sültet.

3. Helyezze a sültet egy rácsra egy sekély serpenyőbe. Helyezzen egy sütő hőmérőt a sült közepébe (ne a töltelékbe). Sült, fedetlen, 1 óra 15 perctől 1 óráig 30 percig, vagy amíg a hőmérő 145°F-ot nem mutat. Távolítsa el a sülteket, és lazán fedje le fóliával; Szeletelés előtt 15 percig állni hagyjuk.

4. Eközben a pálinkaszószhoz keverje hozzá a maradék húslevest és az almabort csepegtetve a serpenyőben, és habverővel kaparja ki a megbarnult darabokat. Szűrjük le a cseppeket egy közepes lábosba. felforral; főzzük körülbelül 4 percig, vagy amíg a szósz a harmadára csökken. Keverje hozzá a pálinkát és a mustárt, Dijon-módra. Ízesítsük további borssal. A mártást a sertéssült mellé tálaljuk.

PORCHETTA STÍLUSÚ SERTÉSSÜLT

KÉSZÍTMÉNY:Pácolás 15 perc: Éjszakai állvány: 40 perc Sütés: 1 óra Elkészítés: 6 adag

HAGYOMÁNYOS OLASZ PORCHETTA(AMERIKAI ANGOLUL NÉHA PORKETTA) EGY CSONT NÉLKÜLI SZOPÓS MALAC, AMELYET FOKHAGYMÁVAL, ÉDESKÖMÉNNYEL, BORSSAL ÉS GYÓGYNÖVÉNYEKKEL, PÉLDÁUL ZSÁLYÁVAL VAGY ROZMARINGGAL TÖLTENEK, MAJD NYÁRSRA HELYEZVE FÁN MEGSÜTIK. ÁLTALÁBAN ERŐSEN SÓZZÁK IS. EZ A PALEO VÁLTOZAT LEEGYSZERŰSÍTETT ÉS NAGYON FINOM. CSERÉLJE KI FRISS ROZMARINGGAL A ZSÁLYÁT, HA SZERETI, VAGY HASZNÁLJA MINDKÉT GYÓGYNÖVÉNY KEVERÉKÉT.

1 2-3 font csont nélküli sertés karaj

2 evőkanál édesköménymag

1 teáskanál szemes fekete bors

½ teáskanál törött pirospaprika

6 gerezd fokhagyma apróra vágva

1 evőkanál finomra vágott narancshéj

1 evőkanál friss zsálya

3 evőkanál olívaolaj

½ csésze száraz fehérbor

½ csésze csirke csontleves (lásdrecept) vagy csirkehúsleves hozzáadott só nélkül

1. Vegye ki a sertéssültet a hűtőből; Hagyja szobahőmérsékleten 30 percig. Egy kis serpenyőben pirítsd meg az édesköménymagot közepesen magas lángon, gyakran kevergetve, körülbelül 3 percig, vagy amíg sötét és illatos nem lesz; menő. Fűszerdarálóba

vagy tiszta kávédarálóba tesszük. Hozzáadjuk a szemes borsot és a törött pirospaprikát. Közepesen finom állagúra őröljük. (Ne őrölje porrá.)

2. Melegítse elő a sütőt 325°F-ra. Egy kis tálban keverjük össze az őrölt fűszereket, a fokhagymát, a narancshéjat, a zsályát és az olívaolajat egy pasztává. Helyezze a sertéssültet egy rácsra egy kis serpenyőbe. Dörzsölje be a keveréket az egész sertéshúsba. (Ha kívánja, tegye a fűszerezett sertéshúst egy 9×13×2 hüvelykes üveg sütőedénybe. Fedjük le műanyag fóliával, és tegyük egy éjszakára a hűtőbe, hogy pácolódjon. Főzés előtt tegyük át a húst egy serpenyőbe, és hagyjuk állni szobahőmérsékleten 30 percig főzés előtt.)

3. Süsse a sertéshúst 1-1,5 órán keresztül, vagy amíg egy azonnali leolvasású hőmérő 145°F-ot nem mutat a sült közepén. A sülteket vágódeszkára helyezzük, és lazán letakarjuk alufóliával. Szeletelés előtt 10-15 percig állni hagyjuk.

4. Közben öntsön serpenyőben lévő levet egy üveg mérőedénybe. Távolítsa el a zsírt felülről; félretesz. Helyezze a serpenyőt a tűzhelyre. Öntsük a serpenyőbe a bort és a csirkehúslevest. Közepes-magas lángon forraljuk fel, kevergetve, hogy lekaparjuk a megbarnult darabokat. Körülbelül 4 percig főzzük, vagy amíg a keverék kissé meg nem puhul. Keverje hozzá a fenntartott serpenyőben lévő gyümölcsleveket; Teher. A sertéshúst felszeleteljük és mártással tálaljuk.

TOMATILLO PÁROLT SERTÉS KARAJ

KÉSZÍTMÉNY:40 perc Sütés: 10 perc Főzés: 20 perc Sütés: 40 perc Állvány: 10 perc Elkészítés: 6-8 adag

A PARADICSOM RAGACSOS, LÉDÚS BEVONATTAL RENDELKEZIKPAPÍRBŐRÜK ALATT. A BŐR ELTÁVOLÍTÁSA UTÁN GYORSAN ÖBLÍTSE LE FOLYÓ VÍZ ALATT, ÉS KÉSZEN ÁLL A HASZNÁLATRA.

1 font paradicsom, meghámozva, szártól megtisztítva és leöblítve

4 serrano chili szárral, kimagozva és felezve (lásdtipp)

2 jalapeño szárral, kimagozva és felezve (lásdtipp)

1 nagy sárga kaliforniai paprika szárral, kimagozva és félbevágva

1 nagy narancssárga kaliforniai paprika szárral, kimagozva és félbevágva

2 evőkanál olívaolaj

1 2-2,5 kilós csont nélküli sertéskaraj sült

1 nagy sárga hagyma, meghámozva, félbevágva és vékonyra szeletelve

4 gerezd fokhagyma apróra vágva

¾ csésze víz

¼ csésze friss limelé

¼ csésze friss koriander

1. Melegítse elő a brojlereket magas fokozaton. Egy tepsit kibélelünk alufóliával. A paradicsomot, a serrano chilit, a jalapenót és a kaliforniai paprikát elrendezzük az előkészített tepsiben. A zöldségeket 10-15 perc alatt süsse meg a tűzről, amíg jól megpirul, időnként fordítsa meg a paradicsomot, és távolítsa el a zöldségeket, ha

elszenesedett. Helyezze a serranót, a jalapenót és a paradicsomot egy tálba. Helyezze a paprikát egy tányérra. A zöldségeket félretesszük hűlni.

2. Egy nagy serpenyőben hevítsünk olajat közepesen magas lángon, amíg csillogó nem lesz. Törölje szárazra a sertéssültet tiszta papírtörlővel, és tegye a serpenyőbe. Minden oldalát jól megpirítjuk, és hagyjuk, hogy a sült egyenletesen barnuljon. Tegye tálra a sülteket. Csökkentse a hőt közepesre. Adjunk hozzá hagymát a serpenyőhöz; főzzük és keverjük 5-6 percig, vagy amíg aranybarna nem lesz. Adjunk hozzá fokhagymát; Hagyjuk még 1 percig főni. Vegye le a serpenyőt a tűzhelyről.

3. Melegítse elő a sütőt 350°F-ra. A paradicsomszószhoz keverje össze a paradicsomot, a serranót és a jalapenót egy robotgépben vagy turmixgépben. Fedjük le és keverjük össze vagy dolgozzuk simára; Adjunk hozzá hagymát a serpenyőbe. Hozza vissza a serpenyőt a hőre. felforral; Főzzük 4-5 percig, vagy amíg a keverék sötét és sűrű nem lesz. Keverje hozzá a vizet, a lime levét és a koriandert.

4. Kenje meg a paradicsomszószt egy sekély serpenyőben vagy egy 3 literes téglalap alakú rakott edényben. Helyezze a sült sertéshúst a szószba. Fóliával szorosan lefedjük. Süssük 40-45 percig, vagy amíg egy azonnal leolvasható hőmérő 140°F-ot nem mutat a sült közepén.

5. A paprikát csíkokra vágjuk. A serpenyőben hozzákeverjük a paradicsomszószhoz. Laza sátor fóliával; 10 percig állni hagyjuk. szelet hús; keverjük

össze a szószt. A szeletelt sertéshúst bőségesen tálaljuk paradicsomszósszal.

SÁRGABARACKGAL TÖLTÖTT SERTÉSFILÉ

KÉSZÍTMÉNY:20 perc Sütés: 45 perc Állvány: 5 perc Elkészítés: 2-3 adag

2 közepesen friss sárgabarack durvára vágva

2 evőkanál kéntelen mazsola

2 evőkanál darált dió

2 teáskanál reszelt friss gyömbér

¼ teáskanál őrölt kardamom

1 12 uncia sertés szűzpecsenye

1 evőkanál olívaolaj

1 evőkanál dijoni mustár (lásdrecept)

¼ teáskanál fekete bors

1. Melegítse elő a sütőt 375°F-ra. Béleljünk ki egy tepsit alufóliával; Helyezzen egy tepsit a tepsire.

2. Egy kis tálban keverjük össze a sárgabarackot, a mazsolát, a diót, a gyömbért és a kardamomot.

3. Szeletelje fel a sertéshús közepét hosszában úgy, hogy a másik oldalától 1 hüvelyket hagyjon. pillangó fel. Helyezze a sertéshúst két műanyag fólia közé. Egy húskalapács lapos oldalával enyhén verje meg a húst körülbelül 1/2 hüvelyk vastagságig. Hajtsa be a hátsó végét, hogy egyenletes téglalapot kapjon. Enyhén dörzsölje át a húst, hogy egyenletes vastagságú legyen.

4. A barackos keveréket rákenjük a sertéshúsra. Kezdje a keskeny végén, és tekerje fel a sertéshúst. Kösd meg 100% pamut konyhai zsinórral, először középen lefelé,

majd 1 hüvelykes időközönként. Helyezze a sültet a rácsra.

5. Keverje össze az olívaolajat és a mustárt Dijon stílusban. ráterítjük a sültre. A sülteket megszórjuk borssal. Süssük 45-55 percig, vagy amíg egy azonnali leolvasású hőmérő 140°F-ot nem mutat a sült közepén. Szeletelés előtt 5-10 percig állni hagyjuk.

SERTÉSFILÉ GYÓGYNÖVÉNYES KÉREGGEL ÉS ROPOGÓS

FOKHAGYMÁS OLAJJAL

KÉSZÍTMÉNY:15 perc sütés: 30 perc főzés: 8 perc állva: 5 perc készítés: 6 adag

⅓ csésze dijoni mustár (lásdrecept)

¼ csésze apróra vágott friss petrezselyem

2 evőkanál apróra vágott friss kakukkfű

1 evőkanál vágott friss rozmaring

½ teáskanál fekete bors

2 db 12 uncia sertés szűzpecsenye

½ csésze olívaolaj

¼ csésze darált friss fokhagyma

¼-1 teáskanál törött pirospaprika

1. Melegítse elő a sütőt 450°F-ra. Béleljünk ki egy tepsit alufóliával; Helyezzen egy tepsit a tepsire.

2. Egy kis tálban keverjük össze a mustárt, a petrezselymet, a kakukkfüvet, a rozmaringot és a fekete borsot, hogy pasztát kapjunk. A mustár- és gyógynövénykeveréket a sertéshús tetejére és oldalára kenjük. Tegye át a sertéshúst a sütőbe. tegye a sültet a sütőbe; Alacsonyabb hőmérséklet 375°F-ra. Süssük 30-35 percig, vagy amíg egy azonnali leolvasású hőmérő 140°F-ot nem mutat a sült közepén. Szeletelés előtt 5-10 percig állni hagyjuk.

3. Eközben a fokhagymás olajhoz keverjük össze az olívaolajat és a fokhagymát egy kis serpenyőben. Főzzük közepesen magas lángon 8-10 percig, vagy amíg

a fokhagyma aranybarna és ropogós lesz (ne hagyja, hogy megégjen). Vegye le a tűzhelyről; belekeverjük a törött pirospaprikát. szelet sertéshús; Tálalás előtt fokhagymás olajjal meglocsoljuk a szeleteket.

INDIAI FŰSZEREZETT SERTÉSHÚS KÓKUSZOS SERPENYŐS SZÓSSZAL

3 teáskanál curry por

2 teáskanál sómentes garam masala

1 teáskanál őrölt kömény

1 teáskanál őrölt koriander

1 12 uncia sertés szűzpecsenye

1 evőkanál olívaolaj

½ csésze természetes kókusztej (mint a Nature's Way márka)

¼ csésze friss koriander

2 evőkanál rántott friss menta

1. Egy kis tálban keverj össze 2 teáskanál curryport, garam masala-t, köményt és koriandert. Vágja a sertéshúst ½ hüvelyk vastag szeletekre; Megszórjuk fűszerekkel. .

2. Egy nagy serpenyőben hevítsünk olívaolajat közepesen magas lángon. Add sertésszeleteket a serpenyőbe; 7 percig főzzük, egyszer megforgatjuk. Vegye ki a sertéshúst a serpenyőből. fedjük le, hogy melegen tartsuk. A szószhoz adjunk hozzá kókusztejet és a maradék 1 teáskanál curryport a serpenyőbe, és keverjük össze, hogy lekaparjuk az esetleges darabokat. 2-3 percig pároljuk. Keverje hozzá a koriandert és a mentát. Adjunk hozzá sertéshúst; főzzük, amíg át nem melegszik, öntsük mártással a sertéshúst.

SERTÉS SCALOPPINI FŰSZEREZETT ALMÁVAL ÉS GESZTENYÉVEL

KÉSZÍTMÉNY:20 perc főzés: 15 perc készítés: 4 adag

2 db 12 uncia sertés szűzpecsenye

1 evőkanál hagymapor

1 evőkanál fokhagyma por

½ teáskanál fekete bors

2-4 evőkanál olívaolaj

2 Fuji vagy Pink Lady alma, meghámozva, kimagozva és durvára vágva

¼ csésze finomra vágott medvehagyma

¾ teáskanál őrölt fahéj

⅛ teáskanál őrölt szegfűszeg

⅛ teáskanál őrölt szerecsendió

½ csésze csirke csontleves (lásdrecept) vagy csirkehúsleves hozzáadott só nélkül

2 evőkanál friss citromlé

½ csésze héjas pörkölt gesztenye, apróra vágva* vagy apróra vágott pekándió

1 evőkanál friss zsálya

1. Szeletelje fel a filét átlósan ½ hüvelyk vastag szeletekre. Helyezze a sertésszeleteket két műanyag fólia közé. Egy húskalapács lapos oldalával vékonyra felverjük. A szeleteket megszórjuk hagymaporral, fokhagymaporral és fekete borssal.

2. Egy nagy serpenyőben hevíts fel 2 evőkanál olívaolajat közepesen magas lángon. Főzzük a sertéshúst adagonként 3-4 percig, egyszer megfordítjuk, és ha

szükséges adjunk hozzá olajat. Tegye át a sertéshúst egy tányérra; takarjuk le és tartsuk melegen.

3. Növelje a hőt közepesen magasra. Adjuk hozzá az almát, a medvehagymát, a fahéjat, a szegfűszeget és a szerecsendiót. Forraljuk fel és keverjük 3 percig. Hozzákeverjük a csirke csontlevest és a citromlevet. Fedjük le és főzzük 5 percig. Vegye le a tűzhelyről; Hozzákeverjük a gesztenyét és a zsályát. Sertéshús fölé tálaljuk az almás keveréket.

*Megjegyzés: A gesztenye sütéséhez melegítse elő a sütőt 400°F-ra. Vágjon X-et a gesztenyehéj egyik oldalába. Ez lehetővé teszi, hogy a héj meglazuljon főzés közben. Helyezze a gesztenyét egy tepsire, és süsse 30 percig, vagy amíg a héja elválik a diótól, és a dió megpuhul. A sült gesztenyét egy tiszta konyharuhába csomagoljuk. Távolítsa el a sárga-fehér dió héját és héját.

SERTÉS FAJITA KEVERŐSÜTNI

KÉSZÍTMÉNY:20 perc főzés: 22 perc készítés: 4 adag

1 kiló sertés szűzpecsenye, 2 hüvelykes csíkokra vágva

3 evőkanál sómentes fajita fűszerezés vagy mexikói fűszerezés (lásdrecept)

2 evőkanál olívaolaj

1 kis hagyma, vékonyra szeletelve

½ piros kaliforniai paprika, kimagozva és vékonyra szeletelve

½ narancs kaliforniai paprika, kimagozva és vékonyra szeletelve

1 jalapeño, kicsumázva és vékonyra szeletelve (lásdtipp) (Választható)

½ teáskanál kömény

1 csésze vékonyra szeletelt friss gomba

3 evőkanál friss limelé

½ csésze apróra vágott friss koriander

1 avokádó, kimagozva, meghámozva és felkockázva

Kívánt salsa (lásdreceptek)

1. A sertéshúst megszórjuk 2 evőkanál fajita ételízesítővel. Egy extra nagy serpenyőben melegíts fel 1 evőkanál olajat közepesen magas lángon. Adjuk hozzá a sertéshús felét; főzzük és keverjük körülbelül 5 percig, vagy amíg már nem rózsaszínű. Tegye a húst egy tálba, és fedje le, hogy melegen tartsa. Ismételje meg a maradék olajjal és sertéshússal.

2. Állítsa a hőt közepesre. Adjuk hozzá a maradék 1 evőkanál fajita fűszert, hagymát, borsot, jalapenót és köményt. Főzzük és keverjük körülbelül 10 percig, vagy

amíg a zöldségek megpuhulnak. Tegye vissza az összes húst és a felgyülemlett levet a serpenyőbe. Hozzákeverjük a gombát és a lime levét. Addig főzzük, amíg át nem melegszik. Vegye le a serpenyőt a tűzhelyről. Belekeverjük a koriandert. Tálaljuk avokádóval és választott salsával.

SERTÉS FILÉ PORTÓI BORRAL ÉS SZILVÁVAL

KÉSZÍTMÉNY:10 perc sütés: 12 perc állvány: 5 perc készítés: 4 adag

A PORTÓI BOR SZESZEZETT BOREZ AZT JELENTI, HOGY PÁLINKASZERŰ SZESZESITALT ADTAK HOZZÁ, HOGY MEGÁLLÍTSÁK AZ ERJEDÉSI FOLYAMATOT. EZ AZT JELENTI, HOGY TÖBB MARADÉKCUKOR VAN BENNE, MINT AZ ASZTALI VÖRÖSBORBAN, ÉS ENNEK KÖVETKEZTÉBEN ÉDESEBB AZ ÍZE. NEM OLYASMI, AMIT MINDEN NAP SZERETNÉL INNI, DE IDŐNKÉNT JÓLESIK EGY KIS FŐZÉS.

2 db 12 uncia sertés szűzpecsenye

2½ teáskanál őrölt koriander

¼ teáskanál fekete bors

2 evőkanál olívaolaj

1 medvehagyma, szeletelve

½ csésze portói bor

½ csésze csirke csontleves (lásdrecept) vagy csirkehúsleves hozzáadott só nélkül

20 kimagozott szárított szilva (aszalt szilva)

½ teáskanál törött pirospaprika

2 teáskanál friss tárkony

1. Melegítse elő a sütőt 400°F-ra. Szórjuk meg a sertéshúst 2 teáskanál korianderrel és fekete borssal.

2. Egy nagy, tűzálló serpenyőben hevítsünk olívaolajat közepesen magas lángon. Adjunk hozzá bélszínt a serpenyőbe. Barnítsa meg minden oldalát és süsse egyenletesen kb. 8 percig. Helyezze a serpenyőt a

sütőbe. Fedő nélkül süssük kb. 12 percig, vagy amíg egy azonnali leolvasású hőmérő 140°F-ot nem mutat a sült közepén. Tegye át a filéket egy vágódeszkára. Alufóliával letakarjuk és 5 percig állni hagyjuk.

3. Közben a szószhoz a serpenyőből lecsepegtetjük a zsírt, 1 evőkanálnyit tartalékolunk. Főzzük a medvehagymát a serpenyőben, közepesen magas lángon, körülbelül 3 percig, amíg meg nem pirul és megpuhul. Port hozzáadása a serpenyőhöz. Forraljuk fel, és keverjük össze, hogy lekaparjuk a megbarnult darabokat. Adjuk hozzá a csirkehúslevest, az aszalt szilvát, a törött pirospaprikát és a maradék ½ teáskanál koriandert. Közepes-magas lángon főzzük körülbelül 1-2 percig, hogy kissé csökkenjen. Keverjük hozzá a tárkonyt.

4. A sertéshúst felszeleteljük, aszalt szilvával és szósszal tálaljuk.

MOO SHU STÍLUSÚ SERTÉS SALÁTÁSTÁLAKBA, GYORSAN PÁCOLT ZÖLDSÉGEKKEL

KEZDETTŐL A VÉGÉIG:45 perc: 4 adag

HA HAGYOMÁNYOS MOO SHU ÉTELED VOLTEGY KÍNAI ÉTTEREMBEN TUDNI FOGJA, HOGY EZ EGY SÓS HÚS- ÉS ZÖLDSÉGBETÉT, AMELYET VÉKONY PALACSINTÁBAN FOGYASZTANAK ÉDES SZILVA- VAGY HOISIN SZÓSSZAL. EZ A KÖNNYEBB ÉS FRISSEBB PALEO VÁLTOZAT SERTÉSHÚST, BOK CHOY-T ÉS SHIITAKE GOMBÁT TARTALMAZ GYÖMBÉRBEN ÉS FOKHAGYMÁBAN PÁROLVA, SALÁTACSOMAGOLÁSBAN ROPOGÓS SAVANYÚSÁGGAL.

ECETES ZÖLDSÉGEK
   1 csésze julienne sárgarépa
   1 csésze julienne-re vágott daikon retek
   ¼ csésze vöröshagyma
   1 csésze cukrozatlan almalé
   ½ csésze almaecet

DISZNÓHÚS
   2 evőkanál olívaolaj vagy finomított kókuszolaj
   3 tojás, enyhén felverve
   8 uncia sertéskaraj, 2 × ½ hüvelykes csíkokra vágva
   2 teáskanál apróra vágott friss gyömbér
   4 gerezd fokhagyma apróra vágva
   2 csésze vékonyra szeletelt napa káposzta
   1 csésze vékonyra szeletelt shiitake gomba
   ¼ csésze vékonyra szeletelt újhagyma

8 bostoni salátalevél

1. Gyors savanyúsághoz keverje össze a sárgarépát, a daikont és a hagymát egy nagy tálban. A sós léhez egy serpenyőben melegítsük fel az almalevet és az ecetet, amíg fel nem emelkedik a gőz. Öntsük a sóoldatot a zöldségekre egy tálban; lefedjük és tálalásig hűtőbe tesszük.

2. Egy nagy serpenyőben hevíts fel 1 evőkanál olajat közepesen magas lángon. A tojásokat habverővel enyhén felverjük. tegye a tojást a serpenyőbe; keverés nélkül főzzük az aljára, körülbelül 3 percig. Rugalmas spatula segítségével óvatosan fordítsa meg a tojást, és süsse meg a másik oldalát is. Csúsztassa ki a tojást a serpenyőből egy tányérra.

3. Melegítse vissza a serpenyőt. hozzáadjuk a maradék 1 evőkanál olajat. Adjuk hozzá a sertéscsíkokat, a gyömbért és a fokhagymát. Főzzük és keverjük közepesen magas lángon, körülbelül 4 percig, vagy amíg a sertéshús már nem rózsaszínű. Adjuk hozzá a káposztát és a gombát; főzzük keverés közben körülbelül 4 percig, vagy amíg a káposzta megfonnyad, a gomba megpuhul, és a sertéshús megpuhul. Vegye le a serpenyőt a tűzhelyről. A főtt tojást csíkokra vágjuk. Óvatosan keverje hozzá a tojáscsíkokat és az újhagymát a sertéshúsos keverékhez. Salátalevelekben tálaljuk, a tetejére pácolt zöldségeket teszünk.

SERTÉSSZELET MAKADÁMIÁVAL, ZSÁLYÁVAL, FÜGÉVEL ÉS ÉDESBURGONYAPÜRÉVEL

KÉSZÍTMÉNY:15 perc főzés: 25 perc készítés: 4 adag

ÉDESBURGONYAPÜRÉVEL PÁROSÍTVA,EZEK A ZAMATOS ZSÁLYÁS BORDÁK TÖKÉLETESEK EGY ŐSZI ÉTKEZÉSHEZ – ÉS GYORSAN MEGJAVÍTHATÓK, ÍGY TÖKÉLETESEK EGY MOZGALMAS HÉTRE.

4 kicsontozott sertéskaraj, 1¼ hüvelyk vastagra szeletelve

3 evőkanál rántott friss zsálya

¼ teáskanál fekete bors

3 evőkanál makadámdió olaj

2 kiló édesburgonya, meghámozva és 1 hüvelykes kockákra vágva

¾ csésze apróra vágott makadámdió

½ csésze apróra vágott szárított füge

⅓ csésze marhacsontleves (lásdrecept) vagy marhahúsleves hozzáadott só nélkül

1 evőkanál friss citromlé

1. A karaj mindkét oldalát megszórjuk 2 evőkanál zsályával és borssal. dörzsölje az ujjaival. Egy nagy serpenyőben hevíts fel 2 evőkanál olajat közepesen magas lángon. Adjunk hozzá szeleteket a serpenyőbe; Főzzük 15-20 percig, vagy amíg kész (145°F), a főzés felénél egyszer fordítsuk meg. Tegye a karajt egy tányérra; fedjük le, hogy melegen tartsuk.

2. Egy nagy serpenyőben dobd össze az édesburgonyát és annyi vizet, hogy ellepje. felforral; Csökkentse a hőt.

Fedjük le és pároljuk 10-15 percig, vagy amíg a burgonya megpuhul. Lecsöpögtetjük a burgonyát. Adjuk hozzá a maradék evőkanál makadámiaolajat a burgonyához, és püresítsük krémesre. tartsd melegen.

3. A szószhoz adjunk hozzá makadámdiót a serpenyőbe. Közepes lángon pirulásig főzzük. Adjuk hozzá a szárított fügét és a maradék 1 evőkanál zsályát; Hagyja 30 másodpercig főni. Adjunk hozzá marhahúslevest és citromlevet a serpenyőbe, és keverjük össze, hogy lekaparjuk a megbarnult darabokat. A mártást a sertéskarajra öntjük, és édesburgonyapürével tálaljuk.

PÖRKÖLT ROZMARINGOS LEVENDULA SERTÉSSZELET

SZŐLŐVEL ÉS PIRÍTOTT DIÓVAL

KÉSZÍTMÉNY:Forraljuk 10 percig: sütjük 6 percig: készítjük 25 percig: 4 adag

A SZŐLŐT A SERTÉSKARAJJAL EGYÜTT MEGPIRÍTJUKFOKOZZA ÍZÜKET ÉS ÉDESSÉGÜKET. A ROPOGÓSRA PIRÍTOTT DIÓVAL ÉS EGY MEGSZÓRT FRISS ROZMARINGGAL EGYÜTT CSODÁLATOS FELTÉTET KÉSZÍTENEK EZEKHEZ A KIADÓS KARAJOKHOZ.

2 evőkanál vágott friss rozmaring

1 evőkanál friss levendula

½ teáskanál fokhagymapor

½ teáskanál fekete bors

4 sertéskaraj, 1¼ hüvelyk vastagra szeletelve (kb. 3 font)

1 evőkanál olívaolaj

1 nagy medvehagyma, vékonyra szeletelve

1½ csésze vörös és/vagy zöld mag nélküli szőlő

½ csésze száraz fehérbor

¾ csésze durvára vágott dió

Vágja fel a friss rozmaringot

1. Melegítse elő a sütőt 375°F-ra. Egy kis tálban keverj össze 2 evőkanál rozmaringot, levendulát, fokhagymaport és borsot. A fűszernövénykeveréket egyenletesen dörzsöljük a sertésszeletbe. Egy extra nagy, tűzálló serpenyőben hevítsünk olívaolajat közepesen magas lángon. Adjunk hozzá szeleteket a serpenyőbe; 6-8

percig sütjük, vagy amíg mindkét oldala barna nem lesz. Tegye a karajt egy tányérra; Fóliával letakarjuk.

2. Adja hozzá a medvehagymát a serpenyőhöz. Főzzük és keverjük közepes lángon 1 percig. Adjuk hozzá a szőlőt és a bort. Főzzük további 2 percig, kevergetve, hogy lekaparjuk a megbarnult darabokat. Tegye vissza a sertésszeleteket a serpenyőbe. Helyezze a serpenyőt a sütőbe. 25-30 percig sütjük, vagy amíg a szelet elkészül (145°F).

3. Közben egy sekély tepsibe szórjuk a diót. Sütőbe tesszük a karajjal együtt. Körülbelül 8 percig sütjük, vagy amíg meg nem pirul, egyszer megkeverve, hogy egyenletesen piruljon.

4. Tálaláskor a sertésszelet tetejére teszünk szőlőt és pirított diót. Megszórjuk további friss rozmaringgal.

SERTÉSSZELET ALLA FIORENTINA GRILLEZETT BROKKOLIVAL RABE

KÉSZÍTMÉNY:20 perc grillezés: 20 perc pácolás: 3 perc készítés: 4 adagFÉNYKÉP

"ALLA FIORENTINA"JELENTÉSE LÉNYEGÉBEN "FIRENZE STÍLUSÁBAN". EZ A RECEPT A BISTECCA ALLA FIORENTINÁN, EGY FATŰZÖN GRILLEZETT TOSZKÁN T-CSONTON ALAPUL, A LEGEGYSZERŰBB ÍZEKKEL – ÁLTALÁBAN CSAK OLÍVAOLAJJAL, SÓVAL, FEKETE BORSSAL ÉS EGY CSIPETNYI FRISS CITROMGAL.

1 kiló brokkoli rabe

1 evőkanál olívaolaj

4 6-8 uncia csontos sertés karaj szelet, 1,5-2 hüvelyk vastagra szeletelve

Durvára őrölt fekete bors

1 citrom

4 gerezd fokhagyma, vékonyra szeletelve

2 evőkanál vágott friss rozmaring

6 friss zsályalevél apróra vágva

1 teáskanál zúzott pirospaprika pehely (vagy ízlés szerint)

½ csésze olívaolaj

1. Egy nagy serpenyőben blansírozzuk a brokkoli Rabe-t forrásban lévő vízben 1 percig. Azonnal tegyük át egy tál jeges vízbe. Ha kihűlt, a brokkolit papírtörlővel bélelt tepsiben lecsepegtetjük, és további papírtörlővel a lehető legszárazabbra töröljük. Távolítsa el a papírtörlőket a tepsiről. A brokkoli Rabe-t meglocsoljuk

1 evőkanál olívaolajjal, és ráforgatjuk. tedd félre grillezésig.

2. A karaj mindkét oldalát megszórjuk durvára őrölt borssal. félretesz. Zöldséghámozóval távolítsd el a citrom héját (a citromot tartsd meg más célra). Egy nagy tálra szórjuk a citromhéjat, az apróra vágott fokhagymát, a rozmaringot, a zsályát és a törött pirospaprikát; félretesz.

3. Faszén grill esetén a forró parazsat helyezze át a grill egyik oldalára, és hagyjon néhány szenet a grill másik oldala alatt. A karajokat közvetlenül a forró parázson süsse 2-3 percig, vagy amíg barna kéreg képződik. Fordítsa meg a szeleteket, és süsse a második oldalát további 2 percig. Helyezze a szeleteket a grill másik oldalára. Fedjük le és grillezzük 10-15 percig, vagy amíg kész (145°F). (Gázgrill esetén melegítse elő a grillt; csökkentse a hőt a grill egyik oldalán közepesre. Süsse meg a szeleteket magas lángon a fentiek szerint. Mozgassa a grill közepes oldalára; folytassa a fentiek szerint.)

4. Tegye át a karajokat a tányérra. A szeleteket meglocsoljuk ½ csésze olívaolajjal, és megfordítjuk, hogy mindkét oldalát bevonjuk. Tálalás előtt hagyja pácolódni 3-5 percig, majd egyszer-kétszer fordítsa meg, hogy a húst citromhéjjal, fokhagymával és fűszernövényekkel kenje meg.

5. Amíg a karaj pihen, grillezzük meg a brokkoli Rabe-t, hogy enyhén elszenesedjen, és áthevítsük. Tálaljuk a

brokkoli Rabe-t a sertéskarajjal a tálon; Tálalás előtt minden szeletre és brokkolira öntsünk egy kis pácot.

PULYKASÜLT FOKHAGYMAPÜRÉVEL

KÉSZÍTMÉNY:1 óra Sütés: 2 óra 45 perc Állvány: 15 perc
Elkészítés: 12-14 adag

KERESS EGY PULYKÁT, AMINEK VANNEM FECSKENDEZIK BE SÓOLDATTAL. HA A CÍMKÉN „MEGERŐSÍTETT" VAGY „ÖNTAPADÓS" FELIRAT SZEREPEL, AKKOR VALÓSZÍNŰLEG TELE VAN NÁTRIUMMAL ÉS EGYÉB ADALÉKANYAGOKKAL.

1 db 12-14 kilós pulyka

2 evőkanál mediterrán fűszerek (lásdrecept)

¼ csésze olívaolaj

3 font közepes sárgarépa, meghámozva, felvágva és hosszában félbe vagy negyedekre vágva

1 recept Fokhagymás gyökérpüré (lásdrecept, lent)

1. Melegítse elő a sütőt 425°F-ra. Távolítsa el a pulyka nyakát és belsőit; igény szerint más felhasználásra lefoglalni. Finoman húzza le a bőrt a mell széléről. Dugja be az ujjait a bőr alá, hogy zsebet hozzon létre a mellkason és a combokon. Tegyünk 1 evőkanál mediterrán fűszert a bőr alá; Ujjaival egyenletesen oszlassa el a mellkason és a combokon. Húzza hátra a nyak bőrét. Nyárssal rögzítjük. Illessze a combok végét a farok feletti bőrszalag alá. Ha nincs bőrszalag, 100% pamut konyhai zsinórral szorosan rögzítse a farokhoz a combokat. Csavarja a szárnyvégeket a háta alá.

2. Helyezze a pulykát a mellével felfelé egy rácsra egy sekély, túlméretezett serpenyőbe. Kenjük meg a pulykát 2 evőkanál olajjal. A pulykát megszórjuk a maradék mediterrán fűszerekkel. Helyezzen be egy sütőbe kötött húshőmérőt a comb belső izomzatának közepébe. A

hőmérő nem érhet csonthoz. A pulykát lazán letakarjuk alufóliával.

3. 30 percig sütjük. Csökkentse a sütő hőmérsékletét 325 ° F-ra. Süssük 1½ órán át. Egy extra nagy tálban dobd össze a sárgarépát és a maradék 2 evőkanál olajat. kabátba dobni. Terítsd el a sárgarépát egy nagy tepsiben. Távolítsuk el a pulykáról a fóliát, és vágjunk bőrt vagy szalagot a combok közé. A sárgarépát és a pulykát 45 perctől 1¼ óráig tovább sütjük, vagy amíg a hőmérő 175°F-ot nem mutat.

4. Vegye ki a pulykát a sütőből. Kezdőlap; Hagyjuk állni 15-20 percig, mielőtt faragnánk. Tálaljuk a pulykát sárgarépával és fokhagymapürével.

Fokhagymás pépesített gyökerek: Vágjunk le és pucoljunk le 3-3½ font rutabagát és 1½-2 font zellergyökeret; 2 hüvelykes darabokra vágjuk. Egy 6 literes serpenyőben főzzük meg a rutabagát és a zellergyökeret annyi forrásban lévő vízben, hogy ellepje, 25-30 percig, vagy amíg nagyon puha nem lesz. Egy kis serpenyőben keverj össze 3 evőkanál extra szűz olajat és 6-8 gerezd darált fokhagymát. Főzzük alacsony lángon 5-10 percig, vagy amíg a fokhagyma nagyon illatos lesz, de nem barnul meg. Óvatosan adjunk hozzá ¾ csésze csirke csontlevest (lásdrecept) vagy csirkehúsleves hozzáadott só nélkül. felforral; vegye le a tűzhelyről. A zöldségeket leszűrjük, és visszatesszük az edénybe. A zöldségeket burgonyanyomóval pépesítjük, vagy elektromos mixerrel alacsony fokozaton habosra keverjük. Adjunk hozzá ½ teáskanál fekete borsot.

Fokozatosan pépesítsd vagy keverd hozzá a húslevest, amíg a zöldségek össze nem keverednek és majdnem sima nem lesznek. Adjon hozzá további ¼ csésze csirke csontlevest, ha szükséges, hogy elérje a kívánt állagot.

TÖLTÖTT PULYKAMELL PESTO SZÓSSZAL ÉS RAKÉTASALÁTÁVAL

KÉSZÍTMÉNY:30 perc Sütés: 1 óra 30 perc Állvány: 20 perc
Elkészítés: 6 adag

EZ A FEHÉR HÚS SZERELMESEINEK VALÓODAKINT – EGY
ROPOGÓS PULYKAMELL, SZÁRÍTOTT PARADICSOMMAL,
BAZSALIKOMMAL ÉS MEDITERRÁN FŰSZEREKKEL TÖLTVE. A
MARADÉKBÓL REMEK EBÉD LESZ.

1 csésze kéntelen aszalt paradicsom (nem olajos)

1 db 4 kilós kicsontozott pulykamell fél bőrrel

3 teáskanál mediterrán fűszerek (lásdrecept)

1 csésze lazán becsomagolt friss bazsalikomlevél

1 evőkanál olívaolaj

8 uncia baba rukkola

3 nagy paradicsom, félbevágva és felszeletelve

¼ csésze olívaolaj

2 evőkanál vörösborecet

Fekete bors

1½ csésze bazsalikom pesto (lásdrecept)

1. Melegítse elő a sütőt 375°F-ra. Egy kis tálkában öntsünk
   annyi forrásban lévő vizet a szárított paradicsomra,
   hogy ellepje. 5 percig állni hagyjuk; leszűrjük és apróra
   vágjuk.

2. Helyezze a pulykamelleket bőrrel lefelé egy nagy
   műanyag lapra. Helyezzen egy másik műanyag fóliát a
   pulyka fölé. Egy húskalapács lapos oldalával finoman
   dörzsölje be a mellet körülbelül 1 cm vastagságúra.

Dobja el a műanyag fóliát. Szórd meg 1½ teáskanál mediterrán fűszerkeveréket a húsra. A tetejére rakjuk a paradicsomot és a bazsalikom leveleket. Óvatosan tekerjük fel a pulykamellet úgy, hogy a bőre kívül marad. 100% pamut konyhai zsineg segítségével rögzítse a sültet négy-hat helyen. Megkenjük 1 evőkanál olívaolajjal. Szórjuk meg a sültet a maradék 1½ teáskanál mediterrán ételízesítővel.

3. Helyezze a sült bőrös oldalával felfelé egy rácsra egy sekély serpenyőbe. Fedő nélkül süssük másfél órán keresztül, vagy amíg a közepéhez közel behelyezett azonnali leolvasású hőmérő 165°F-ot nem mutat, a bőr pedig aranybarna és ropogós nem lesz. Vegye ki a pulykát a sütőből. Fedjük le fóliával; Szeletelés előtt 20 percig állni hagyjuk.

4. A rukkola salátához egy nagy tálban keverje össze a rukkolát, a paradicsomot, ¼ csésze olívaolajat, ecetet és ízlés szerint borsot. Távolítsa el a szálakat a sültről. A pulykát vékony szeletekre vágjuk. Rakéta salátával és bazsalikomos pestoval tálaljuk.

FŰSZEREZETT PULYKAMELL CSERESZNYE BBQ SZÓSSZAL

KÉSZÍTMÉNY:15 perc Sütés: 1 óra 15 perc Állvány: 45 perc
Elkészítés: 6-8 adag

EZ EGY JÓ RECEPTHA HAMBURGEREN KÍVÜL MÁST IS SZERETNE CSINÁLNI, SZOLGÁLJA KI A TÖMEGET EGY KERTI GRILLEN. TÁLALJUK ROPOGÓS SALÁTÁVAL, PÉLDÁUL ROPOGÓS BROKKOLISALÁTÁVAL (LÁSDRECEPT) VAGY BOROTVÁLT KELBIMBÓ SALÁTA (LÁSDRECEPT).

1 4-5 kiló egész csontos pulykamell

3 evőkanál füstös fűszerezés (lásdrecept)

2 evőkanál friss citromlé

3 evőkanál olívaolaj

1 csésze száraz fehérbor, például Sauvignon Blanc

1 csésze friss vagy fagyasztott, cukrozatlan Bing cseresznye, kimagozva és apróra vágva

⅓ csésze vizet

1 csésze BBQ szósz (lásdrecept)

1. Hagyja állni a pulykamellet szobahőmérsékleten 30 percig. Melegítsük elő a sütőt 325°F-ra. Tegye a pulykamelleket bőrös felével felfelé egy rácsra egy tepsibe.

2. Egy kis tálban keverjük össze a füstös fűszerezést, a citromlevet és az olívaolajat, hogy pasztát kapjunk. Válasszuk le a bőrt a húsról; Óvatosan kenje szét a massza felét a húson a bőr alatt. A maradék pasztát egyenletesen oszlassuk el a bőrön. Öntsük a bort a serpenyő aljába.

3. Pörkölje 1¼–1½ órát, vagy amíg a bőr aranybarna nem lesz, és a sült közepére helyezett azonnali leolvasható hőmérő (a csont megérintése nélkül) 170°F-ot mutat. A főzési idő felénél fordítsa meg a serpenyőt. Hagyjuk állni 15-30 percig, mielőtt faragnánk.

4. Eközben a Cherry BBQ szósz elkészítéséhez keverje össze a cseresznyét és a vizet egy közepes serpenyőben. felforral; Csökkentse a hőt. Fedő nélkül pároljuk 5 percig. keverjük BBQ szósszal; 5 percig pároljuk. Melegen vagy szobahőmérsékleten tálaljuk a pulyka mellé.

BORBAN PÁROLT PULYKAFILÉ

KÉSZÍTMÉNY:30 perc főzés: 35 perc: 4 adag

A SERPENYŐBEN SÜLT PULYKÁT MEGFŐZZÜKA BOR, AZ APRÓRA VÁGOTT ROMA PARADICSOM, A CSIRKELEVES, A FRISS FŰSZERNÖVÉNYEK ÉS A TÖRÖTT PIROSPAPRIKA KOMBINÁCIÓJA REMEK ÍZT KÖLCSÖNÖZ NEKI. TÁLALJA EZT A PÖRKÖLTSZERŰ ÉTELT SEKÉLY TÁLKÁKBAN ÉS NAGY KANÁLLAL, HOGY MINDEN FALATBA JUSSON A FINOM HÚSLEVES.

2 8-12 uncia pulykafilé 1 hüvelykes darabokra vágva

2 evőkanál szárnyasfűszer hozzáadott só nélkül

2 evőkanál olívaolaj

6 gerezd darált fokhagyma (1 evőkanál)

1 csésze apróra vágott hagyma

½ csésze apróra vágott zeller

6 roma paradicsom kimagozva és apróra vágva (kb. 3 csésze)

½ csésze száraz fehérbor, például Sauvignon Blanc

½ csésze csirke csontleves (lásdrecept) vagy csirkehúsleves hozzáadott só nélkül

½ teáskanál finomra vágott friss rozmaring

¼-½ teáskanál törött pirospaprika

½ csésze friss bazsalikomlevél, apróra vágva

½ csésze apróra vágott friss petrezselyem

1. Egy nagy tálban a pulykadarabokat szárnyashúsfűszerrel bekenjük. Egy extra nagy tapadásmentes serpenyőben melegíts fel 1 evőkanál olívaolajat közepesen magas lángon. A pulykát adagonként, forró olajban süsd

barnára minden oldaláról. (A pulykát nem kell átfőzni.) Tányérra tesszük és melegen tartjuk.

2. Adja hozzá a maradék 1 evőkanál olívaolajat a serpenyőbe. Növelje a hőt közepes-magasra. Adjuk hozzá a fokhagymát; forraljuk fel és keverjük 1 percig. Adjunk hozzá hagymát és zellert; forraljuk fel és keverjük 5 percig. Hozzáadjuk a pulykahúst és a tányérról levet, a paradicsomot, a bort, a csirkehúslevest, a rozmaringot és a törött pirospaprikát. Csökkentse a hőt közepes-alacsonyra. Lefedve 20 percig főzzük, időnként megkeverve. Adjunk hozzá bazsalikomot és petrezselymet. Fedjük le és főzzük további 5 percig, vagy amíg a pulyka már nem rózsaszínű.

SERPENYŐBEN PIRÍTOTT PULYKAMELL METÉLŐHAGYMA SCAMPI SZÓSSZAL

KÉSZÍTMÉNY:30 perc főzés: 15 perc készítés: 4 adagFÉNYKÉP

A PULYKAFILÉT FÉLBEVÁGJUKA TENYERÉVEL ENYHÉN NYOMJA MEG MINDEGYIKET VÍZSZINTESEN A LEHETŐ LEGEGYENLETESEBBEN, EGYENLETES NYOMÁST GYAKOROLVA, MIKÖZBEN ÁTVÁGJA A HÚST.

¼ csésze olívaolaj

2 db 8-12 uncia pulykamell filé, vízszintesen felezve

¼ teáskanál frissen őrölt fekete bors

3 evőkanál olívaolaj

4 gerezd fokhagyma apróra vágva

8 uncia hámozott és kivágott közepes garnélarák, farkát eltávolítva és hosszában felére vágva

¼ csésze száraz fehérbor, csirke csontleves (lásdrecept) vagy csirkehúsleves hozzáadott só nélkül

2 evőkanál apróra vágott friss metélőhagyma

½ teáskanál finomra reszelt citromhéj

1 evőkanál friss citromlé

Sütőtök tészta és paradicsom (lásdrecept, lent) (nem kötelező)

1. Egy extra nagy serpenyőben hevíts fel 1 evőkanál olívaolajat közepesen magas lángon. Add pulykát a serpenyőbe; Megszórjuk borssal. Csökkentse a hőt közepesre. Főzzük 12-15 percig, vagy amíg már nem rózsaszínű lesz, és a lé el nem folyik (165°F). A főzés felénél egyszer fordítsa meg. Vegye ki a

pulykaszeleteket a serpenyőből. Fóliával letakarjuk, hogy meleg legyen.

2. A szószhoz ugyanabban a serpenyőben felforrósítjuk a 3 evőkanál olajat közepes-nagy lángon. Adjunk hozzá fokhagymát; Hagyja 30 másodpercig főni. belekeverjük a garnélarákot; forraljuk fel és keverjük 1 percig. Keverje hozzá a bort, a metélőhagymát és a citromhéjat; főzzük és keverjük még 1 percig, vagy amíg a garnélarák átlátszatlanná válik. Vegye le a tűzhelyről; Belekeverjük a citromlevet. Tálaláskor öntsük a szószt a pulyka steakekre. Ízlés szerint sütőtök tésztával és paradicsommal tálaljuk.

Squash tészta és paradicsom: Mandoline vagy julienne hámozó segítségével készítsen 2 julienne sárga nyári tököt. Egy nagy serpenyőben melegíts fel 1 evőkanál extra szűz olívaolajat közepesen magas lángon. Adjunk hozzá sütőtök csíkokat; Hagyjuk 2 percig főni. Adjunk hozzá 1 csésze negyedelt szőlő paradicsomot és ¼ teáskanál frissen őrölt fekete borsot; Főzzük még 2 percig, vagy amíg a tök ropogós és puha nem lesz.

PÁROLT PULYKACOMB GYÖKÉRZÖLDSÉGEKKEL

KÉSZÍTMÉNY:Főzés 30 perc: 1 óra 45 perc így: 4 adag

EZ AZ EGYIK ILYEN ÉTELÉRDEMES EGY ROPOGÓS ŐSZI DÉLUTÁNON ELKÉSZÍTENI, AMIKOR VAN IDEJE SÉTÁLNI, MIKÖZBEN A SÜTŐBEN SÜL. HA A TESTMOZGÁS NEM KELTI FEL AZ ÉTVÁGYAT, A CSODÁLATOS ILLAT, AHOGY BELÉP AZ AJTÓN, BIZTOSAN MEGTESZI.

3 evőkanál olívaolaj

4 db 20-24 uncia pulykacomb

½ teáskanál frissen őrölt fekete bors

6 gerezd fokhagyma, meghámozva és összetörve

1½ teáskanál édesköménymag, törve

1 teáskanál egész szegfűbors, zúzott*

1½ csésze csirke csontleves (lásdrecept) vagy
    csirkehúsleves hozzáadott só nélkül

2 szál friss rozmaring

2 szál friss kakukkfű

1 babérlevél

2 nagy hagyma, meghámozva és 8 szeletre vágva

6 nagy sárgarépa, meghámozva és 1 hüvelykes szeletekre
    vágva

2 nagy cékla, meghámozva és 1 hüvelykes kockákra vágva

2 közepes paszternák, meghámozva és 1 hüvelykes
    szeletekre vágva**

1 zellergyökér, meghámozva és 1 hüvelykes darabokra
    vágva

1. Melegítse elő a sütőt 350°F-ra. Egy nagy serpenyőben
   melegítsd fel az olívaolajat közepesen magas lángon.

Adjunk hozzá 2 pulykacombot. Körülbelül 8 percig sütjük, vagy amíg a lábak minden oldala aranybarnára és ropogósra nem pirul, és egyenletesen barnul. Tegye át a pulykacombot egy tányérra; Ismételje meg a maradék 2 pulykacombbal. Félretesz.

2. Adjunk hozzá borsot, fokhagymát, édesköménymagot és szegfűborsot a serpenyőbe. Főzzük és keverjük közepesen magas lángon 1-2 percig, vagy amíg illatos lesz. Hozzákeverjük a csirke csontlevest, a rozmaringot, a kakukkfüvet és a babérlevelet. Forraljuk fel, kevergetve kaparjuk le a megbarnult darabokat a serpenyő aljáról. Vegyük le a serpenyőt a tűzhelyről, és tegyük félre.

3. Egy extra nagy holland sütőben, szorosan záródó fedővel, dobja össze a hagymát, a sárgarépát, a céklát, a paszternákot és a zellergyökeret. adjunk hozzá folyadékot a serpenyőből; kabátba dobni. A pulykacombot belenyomkodjuk a zöldséges keverékbe. Fedjük le fedéllel.

4. Süssük körülbelül 1 óra 45 percig, vagy amíg a zöldségek megpuhulnak és a pulyka megpuhul. Tálaljuk a pulykacombot és a zöldségeket nagy, sekély tálkákban. Öntsük rá a serpenyőből a levet.

*Tipp: A szegfűbors- és édesköménymag károsításához tegye a magokat egy vágódeszkára. Egy séfkés lapos oldalával nyomjuk le, hogy a magvak enyhén összetörjenek.

**Tipp: Vágja le a nagyobb darabokat a paszternák tetejéről.

FŰSZERES PULYKAKENYÉR KARAMELLIZÁLT HAGYMÁS

KETCHUPPAL ÉS SÜLT KÁPOSZTA SZELETEKKEL

KÉSZÍTMÉNY:15 perc főzés: 30 perc sütés: 1 óra 10 perc állás: 5 perc készítés: 4 adag

KLASSZIKUS FASÍRT KETCHUPOS FELTÉTTEL MINDENKÉPPENA PALEO MENÜBEN, AMIKOR A KETCHUP (LÁSDRECEPT) NEM TARTALMAZ SÓT ÉS HOZZÁADOTT CUKROT. ITT A KETCHUPOT A SÜTÉS ELŐTT A FASÍRT TETEJÉRE HALMOZÓDÓ KARAMELLIZÁLT HAGYMÁVAL EGYÜTT KEVERJÜK ÖSSZE.

1½ font őrölt pulyka

2 tojás, enyhén felverve

½ csésze mandulaliszt

⅓ csésze apróra vágott friss petrezselyem

¼ csésze vékonyra szeletelt újhagyma (2)

1 evőkanál apróra vágott friss zsálya vagy 1 teáskanál szárított zsálya apróra vágva

1 evőkanál friss kakukkfű vagy 1 teáskanál szárított kakukkfű apróra vágva

¼ teáskanál fekete bors

2 evőkanál olívaolaj

2 édes hagyma félbevágva és vékonyra szeletelve

1 csésze paleo ketchup (lásdrecept)

1 kis fejes káposzta félbevágva, kimagozva és 8 szeletre vágva

½-1 teáskanál törött pirospaprika

1. Melegítse elő a sütőt 350°F-ra. Egy nagy serpenyőt kibélelünk sütőpapírral. félretesz. Egy nagy tálban keverje össze a darált pulykát, a tojást, a mandulalisztet, a petrezselymet, az újhagymát, a zsályát, a kakukkfüvet és a fekete borsot. Az előkészített serpenyőben a pulyka keveréket 8 × 4 hüvelykes cipóra formázzuk. 30 percig sütjük.

2. Ezalatt a karamellizált hagymás ketchuphoz hevíts fel 1 evőkanál olívaolajat egy nagy serpenyőben közepesen magas lángon. adjunk hozzá hagymát; Főzzük körülbelül 5 percig, vagy amíg a hagyma éppen elkezd barnulni, gyakran kevergetve. Csökkentse a hőt közepesen alacsonyra; Főzzük körülbelül 25 percig, vagy amíg aranybarnák és nagyon puhák lesznek, időnként megkeverve. Vegye le a tűzhelyről; Keverjük hozzá a paleo ketchupot.

3. Öntsünk karamellizált hagymás ketchupot a pulykasenyérre. Helyezzen káposztaszeleteket a cipó köré. Meglocsoljuk a káposztát a maradék 1 evőkanál olívaolajjal; Megszórjuk törött pirospaprikával. Körülbelül 40 percig sütjük, vagy amíg a cipó közepébe helyezett azonnali leolvasható hőmérő 165°F-ot nem mutat, öntjük meg további karamellizált hagymás ketchuppal, és 20 perc múlva fordítsuk meg a káposztaszeleteket. Szeletelés előtt hagyja állni a pulykakenyeret 5-10 percig.

4. Tálaljuk a pulykakenyeret felaprított káposztával és a maradék karamellizált hagymás ketchuppal.

TÖRÖKORSZÁG POSOLE

KÉSZÍTMÉNY:20 perc sütés: 8 perc főzés: 16 perc készítés: 4 adag

A MELEGÍTŐ MEXIKÓI STÍLUSÚ LEVES FELTÉTJEITÖBB MINT EGYSZERŰ KÖRET. A KORIANDER JELLEGZETES ÍZT AD NEKI, AZ AVOKÁDÓ PEDIG A KRÉMESSÉGET – A PÖRKÖLT PEPITAS PEDIG FINOM ROPOGÁST BIZTOSÍT.

8 db friss paradicsom

1¼-1½ font őrölt pulyka

1 piros kaliforniai paprika kimagozva és vékony, falatnyi csíkokra vágva

½ csésze apróra vágott hagyma (1 közepes)

6 gerezd darált fokhagyma (1 evőkanál)

1 evőkanál mexikói fűszerezés (lásdrecept)

2 csésze csirke csontleves (lásdrecept) vagy csirkehúsleves hozzáadott só nélkül

1 14,5 uncia konzerv sózatlan tűzön sült paradicsom, lecsepegve

1 jalapeño vagy serrano chili paprika kimagozva és apróra vágva (lásdtipp)

1 közepes avokádó félbevágva, meghámozva, kimagozva és vékonyra szeletelve

¼ csésze sózatlan pepitas, pirított (lásdtipp)

¼ csésze friss koriander

mész ékek

1. Melegítsük elő a brojlert. Távolítsa el és dobja ki a paradicsom héját. A paradicsomot megmossuk és félbevágjuk. Helyezze a paradicsomfeleket egy

serpenyő fűtetlen rácsára. Pörkölje le 4-5 hüvelyk lángon 8-10 percig, vagy amíg enyhén megpirul, a sütés felénél egyszer fordítsa meg. A serpenyőben lévő rácson hagyjuk kissé kihűlni.

2. Egy nagy serpenyőben főzzük a pulykát, a paprikát és a hagymát közepesen magas lángon 5-10 percig, vagy amíg a pulyka megpirul és a zöldségek megpuhulnak. Fakanállal megkeverjük, hogy a hús sütés közben összetörjön. Szükség esetén lecsepegtetjük a zsírt. Adjunk hozzá fokhagymát és mexikói fűszereket. Forraljuk fel és keverjük még 1 percig.

3. Egy turmixgépben keverje össze az elszenesedett paradicsom körülbelül kétharmadát és 1 csésze csirke csontlevest. Lefedve simára keverjük. Adjuk hozzá a serpenyőben lévő pulyka keverékhez. Keverje hozzá a maradék 1 csésze csirkehúslevest, a ki nem csöpögtetett paradicsomot és a chilipaprikát. A maradék paradicsomot durvára vágjuk; hozzáadjuk a pulykaseverékhez. felforral; Csökkentse a hőt. Fedjük le és pároljuk 10 percig.

4. Tálaláskor a levest lapos tálakba öntjük. A tetejére avokádó, pepitas és koriander kerül. A levesre lime szeleteket nyomunk.

CSIRKE CSONTLEVES

KÉSZÍTMÉNY:15 perc pörkölés: 30 perc forralás: 4 óra hideg: egy éjszakán át: kb. 10 csésze

A LEGFRISSEBB, LEGJOBB ÍZÉRT – ÉS A LEGMAGASABB MINŐSÉGÉRTTÁPANYAGTARTALOM – HASZNÁLJON HÁZI KÉSZÍTÉSŰ CSIRKELEVEST A RECEPTEKBEN. (NEM TARTALMAZ SÓT, TARTÓSÍTÓSZERT VAGY ADALÉKANYAGOKAT SEM.) A CSONTOK FŐZÉS ELŐTTI MEGPIRÍTÁSA JAVÍTJA AZ ÍZT. AHOGY LASSAN FŐNEK FOLYADÉKBAN, A CSONTOK MEGTÖLTIK A LEVEST ÁSVÁNYI ANYAGOKKAL, PÉLDÁUL KALCIUMMAL, FOSZFORRAL, MAGNÉZIUMMAL ÉS KÁLIUMMAL. AZ ALÁBBI LASSÚ TŰZHELY VÁLTOZAT RENDKÍVÜL EGYSZERŰVÉ TESZI. FAGYASSZA LE 2 ÉS 4 CSÉSZÉS EDÉNYEKBEN, ÉS CSAK AZT OLVASSA FEL, AMIRE SZÜKSÉGE VAN.

2 kiló csirkeszárny és hát

4 sárgarépa, apróra vágva

2 nagy póréhagyma, csak fehér és világoszöld részek, vékonyra szeletelve

2 rúd zeller levelekkel, durvára vágva

1 paszternák, durvára vágva

6 nagy szál olasz petrezselyem

6 szál friss kakukkfű

4 gerezd fokhagyma, félbevágva

2 teáskanál egész fekete bors

2 egész szegfűszeg

Hideg víz

1. Melegítse elő a sütőt 425°F-ra. Rendezzük el a csirkeszárnyakat és a csirke hátát egy nagy tepsiben; 30-35 percig sütjük, vagy amíg jól meg nem pirul.

2. Tegye át a megbarnult csirkedarabokat és a tepsiben összegyűlt barnult darabokat egy nagy fazékba. Adjunk hozzá sárgarépát, póréhagymát, zellert, paszternákot, petrezselymet, kakukkfüvet, fokhagymát, borsot és szegfűszeget. Egy nagy fazékba öntsünk annyi hideg vizet (kb. 12 csésze), hogy ellepje a csirkét és a zöldségeket. Forraljuk fel közepes lángon; Állítsa be a hőt, hogy a húsleves nagyon alacsony szinten tartsa, és a buborékok éppen csak megtörik a felületet. Fedjük le és pároljuk 4 órán át.

3. Szűrje át a forró húslevest egy nagy szűrőn, amelyen két réteg nedves, 100%-os pamut sajtkendővel bélelt. Dobja el a szilárd anyagokat. Fedjük le a húslevest, és tegyük hűtőbe egy éjszakára. Használat előtt távolítsa el a zsírréteget a húsleves tetejéről, és dobja ki.

Tipp: A húsleves felderítéséhez (opcionális) egy kis tálban keverj össze 1 tojásfehérjét, 1 reszelt tojáshéjat és ¼ csésze hideg vizet. Keverje hozzá a keveréket a serpenyőben lévő leszűrt húsleveshez. Térjen vissza a főzéshez. Vegye le a tűzhelyről; Hagyja 5 percig. Szűrje le a forró húslevest egy friss, dupla 100%-os pamut sajtkendővel bélelt szűrőn. Használat előtt zsírozzuk le és távolítsuk el a zsírt.

Lassú tűzhelyre vonatkozó utasítások: Készítse elő az utasításoknak megfelelően, kivéve a 2. lépést, és adja hozzá az összetevőket egy 5-6 literes lassú tűzhelyhez.

Fedjük le, és lassú tűzön főzzük 12-14 órán át. Folytassa a 3. lépésben leírtak szerint. Körülbelül 10 csészét készít.

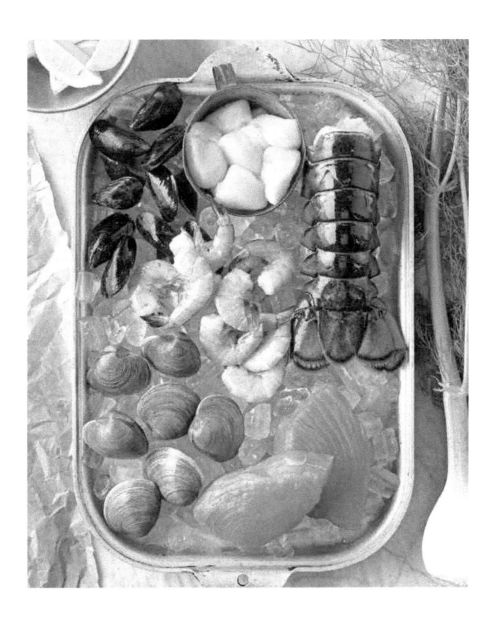

ZÖLD HARISSA LAZAC

KÉSZÍTMÉNY:Sütés 25 perc: Grill 10 perc: 8 perc készítés: 4 adagFÉNYKÉP

SZABVÁNYOS ZÖLDSÉGHÁMOZÓT HASZNÁLNAKFRISS NYERS SPÁRGÁT VÉKONY SZALAGOKRA BOROTVÁLVA A SALÁTÁHOZ. FÉNYES CITRUSOS VINAIGRETTE-VEL MEGSZÓRVA (LÁSDRECEPT) ÉS FÜSTÖSEN PIRÍTOTT NAPRAFORGÓMAGGAL KIEGÉSZÍTVE LAZAC ÉS CSÍPŐS ZÖLDFŰSZERES SZÓSZ ÜDÍTŐ KÍSÉRŐJE.

LAZAC
4 6-8 uncia friss vagy fagyasztott bőr nélküli lazacfilé, körülbelül 1 hüvelyk vastag

olivaolaj

HARISSA
1½ teáskanál kömény

1½ teáskanál koriandermag

1 csésze szorosan csomagolt friss petrezselyemlevél

1 csésze durvára vágott friss koriander (levél és szár)

2 jalapeño kimagozva és durvára vágva (lásdtipp)

1 medvehagyma, apróra vágva

2 gerezd fokhagyma

1 teáskanál finomra vágott citromhéj

2 evőkanál friss citromlé

⅓ csésze olívaolaj

FŰSZEREZETT NAPRAFORGÓMAG
⅓ csésze nyers napraforgómag

1 teáskanál olívaolaj

1 teáskanál füstös fűszerezés (lásdrecept)

SALÁTA

12 nagy lándzsa spárga, vágva (kb. 1 font)

⅓ csésze Bright Citrus Vinaigrette (lásdrecept)

1. Olvassza ki a halat, ha fagyott; Papírtörlővel töröljük szárazra. A hal mindkét oldalát vékonyan megkenjük olívaolajjal. Félretesz.

2. A harissához egy kis serpenyőben pirítsuk meg a köményt és a koriandermagot közepesen magas lángon 3-4 percig, vagy amíg enyhén pirulnak és illatosak lesznek. Aprítógépben keverje össze a pirított köményt és a koriandermagot, a petrezselymet, a koriandert, a jalapenót, a mogyoróhagymát, a fokhagymát, a citromhéjat, a citromlevet és az olívaolajat. simára dolgozzuk. Félretesz.

3. Fűszeres napraforgómag esetén melegítse elő a sütőt 300°F-ra. Egy tepsit kibélelünk sütőpapírral; félretesz. Egy kis tálban keverjük össze a napraforgómagot és 1 teáskanál olívaolajat. Szórja meg a füstös fűszerezést a magokra; keverjük bevonni. A napraforgómagot egyenletesen eloszlatjuk a sütőpapíron. Süssük körülbelül 10 percig, vagy amíg enyhén pirított.

4. Faszén- vagy gázgrillhez helyezze a lazacot közvetlenül egy zsírozott sütőrácsra, közepesen magas lángon. Fedjük le, és grillezzük 8-12 percig, vagy amíg a hal villával tesztelve pelyhessé válik, és a főzés felénél egyszer elfordul.

5. Közben salátához zöldséghámozóval borotváld le a spárgalándzsákat hosszú, vékony szalagokra. Tálra vagy közepes tálra tesszük. (A hegyek letörnek, amikor a lándzsák elvékonyodnak. Helyezze a tálba vagy tálba.) Csepegtesse a Bright Citrus Vinaigrette-t a borotvált lándzsákra. Megszórjuk fűszerezett napraforgómaggal.

6. Tálaláshoz tegyünk egy-egy filét mind a négy tányérra; Tegyünk egy kis zöld harissát minden filére. Borotvált spárgasalátával tálaljuk.

GRILLEZETT LAZAC PÁCOLT ARTICSÓKA SALÁTÁVAL

KÉSZÍTMÉNY:20 perc grill: 12 perc: 4 adag

GYAKRAN A LEGJOBB ESZKÖZÖK A SALÁTA FELDOBÁSÁHOZA TE KEZED A ZSENGE SALÁTÁT ÉS A GRILLEZETT ARTICSÓKÁT A LEGJOBB TISZTA KÉZZEL BELEDOLGOZNI EBBE A SALÁTÁBA.

- 4 6 uncia friss vagy fagyasztott lazacfilé
- 1 db 9 unciás csomag fagyasztott articsóka szív, felolvasztva és lecsepegtetve
- 5 evőkanál olívaolaj
- 2 evőkanál apróra vágott medvehagyma
- 1 evőkanál finomra vágott citromhéj
- ¼ csésze friss citromlé
- 3 evőkanál friss oregánó
- ½ teáskanál frissen őrölt fekete bors
- 1 evőkanál mediterrán fűszerek (lásdrecept)
- 1 5 uncia csomag vegyes babasaláta

1. Olvassza fel a halat, ha fagyott. öblítse le a halat; Papírtörlővel töröljük szárazra. Tegye félre a halat.

2. Egy közepes tálban dobd meg az articsóka szívét 2 evőkanál olívaolajjal. félretesz. Egy nagy tálban keverj össze 2 evőkanál olívaolajat, medvehagymát, citromhéjat, citromlevet és oregánót. félretesz.

3. Faszén- vagy gázgrillhez helyezze az articsóka szíveket egy grillkosárba, és közvetlenül közepes-nagy lángon süsse meg. Fedjük le, és grillezzük 6-8 percig, vagy amíg jól elszenesedett és átmelegszik, gyakran kevergetve.

Távolítsa el az articsókát a grillről. Hagyjuk 5 percig hűlni, majd adjuk hozzá az articsókát a medvehagymás keverékhez. Bors; kabátba dobni. Félretesz.

4. Kenjük meg a lazacot a maradék 1 evőkanál olívaolajjal; Megszórjuk a mediterrán fűszerrel. Helyezze a lazacot a fűszerezett oldalával lefelé közvetlenül a sütőrácsra közepesen magas lángon. Fedjük le és grillezzük 6-8 percig, vagy amíg villával teszteljük a halak pikkelyesedését. A főzés felénél óvatosan fordítsa meg.

5. Tedd a tálba a salátát pácolt articsókával; Óvatosan dobja be, hogy bevonja. A salátát grillezett lazaccal tálaljuk.

GYORSAN SÜLT CHILEI ZSÁLYÁS LAZAC ZÖLDPARADICSOMOS SALSÁVAL

KÉSZÍTMÉNY:35 perc hideg: 2-4 óra sütés: 10 perc: 4 adag

"FLASH ROASTING" A TECHNIKÁRA UTALA SÜTŐBEN EGY SZÁRAZ SERPENYŐT MELEGÍTS FEL MAGAS HŐMÉRSÉKLETRE, ADJ HOZZÁ EGY KIS OLAJAT ÉS ADJ HOZZÁ HALAT, CSIRKÉT VAGY HÚST (PERSZESZ!), MAJD A SÜTŐBEN FEJEZD BE AZ ÉTELT. A VILLANÓPÖRKÖLÉS LERÖVIDÍTI A FŐZÉSI IDŐT, ÉS KÍVÜLRŐL KELLEMESEN ROPOGÓS KÉRGET HOZ LÉTRE, BELÜL PEDIG LÉDÚS, ÍZES KÉRGET.

LAZAC
4 5-6 uncia friss vagy fagyasztott lazacfilé
3 evőkanál olívaolaj
¼ csésze finomra vágott hagyma
2 gerezd fokhagyma, meghámozva és felszeletelve
1 evőkanál őrölt koriander
1 teáskanál őrölt kömény
2 teáskanál édes paprika
1 teáskanál szárított oregánó, összetörve
¼ teáskanál cayenne bors
⅓ csésze friss limelé
1 evőkanál friss zsálya

ZÖLD PARADICSOM SALSA
1½ csésze kockára vágott kemény zöld paradicsom
⅓ csésze apróra vágott vöröshagyma
2 evőkanál apróra vágott friss koriander

1 jalapeño kimagozva és apróra vágva (lásdtipp)

1 gerezd fokhagyma apróra vágva

½ teáskanál őrölt kömény

¼ teáskanál chili por

2-3 evőkanál friss limelé

1. Olvassza fel a halat, ha fagyott. öblítse le a halat;
Papírtörlővel töröljük szárazra. Tegye félre a halat.

2. A chili zsálya tésztához egy kis serpenyőben keverj össze
1 evőkanál olívaolajat, hagymát és fokhagymát. Főzzük
alacsony lángon 1-2 percig, vagy amíg illatos lesz.
Keverje hozzá a koriandert és a köményt; forraljuk fel
és keverjük 1 percig. Keverje hozzá a paprikát, az
oregánót és a cayenne-t; forraljuk fel és keverjük 1
percig. Adjunk hozzá lime-levet és zsályát; főzzük és
keverjük körülbelül 3 percig, vagy amíg sima paszta
képződik; menő.

3. Az ujjaival kenje be a filé mindkét oldalát chilis zsálya
masszával. Helyezze a halat egy edénybe vagy nem
reagáló tálba. Fedje le szorosan műanyag fóliával.
Hűtőben tároljuk 2-4 órán keresztül.

4. A salsához egy közepes tálban keverje össze a
paradicsomot, a hagymát, a koriandert, a jalapenót, a
fokhagymát, a köményt és a chiliport. Jól összekeverni.
Meglocsoljuk lime levével; kabátba dobni.

4. Gumi spatulával kaparjuk le a lazacról a lehető legtöbb
pasztát. Dobja el a pasztát.

5. Helyezzen egy extra nagy öntöttvas serpenyőt a sütőbe. Kapcsolja be a sütőt 500 ° F. Melegítse elő a sütőt serpenyővel.

6. Vegye ki a forró serpenyőt a sütőből. Adjunk hozzá 1 evőkanál olívaolajat a serpenyőbe. Döntse meg a serpenyőt, hogy az edény alját olajjal fedje be. Helyezze a filéket a serpenyőbe, bőrös felével lefelé. A filéket megkenjük a maradék 1 evőkanál olívaolajjal.

7. Süssük a lazacot körülbelül 10 percig, vagy amíg villával teszteljük a halat. A halat salsával tálaljuk.

SÜLT LAZAC ÉS SPÁRGA EN PAPILLOTE CITROMOS MOGYORÓ PESTOVAL

KÉSZÍTMÉNY:20 perc sütés: 17 perc készítés: 4 adag

A FŐZÉS EN PAPILLOTE EGYSZERŰEN AZT JELENTI, HOGY PAPÍRON KELL FŐZNI.EZ EGY GYÖNYÖRŰ MÓDJA A FŐZÉSNEK, TÖBB OKBÓL IS. A HALAK ÉS A ZÖLDSÉGEK A PERGAMENFÓLIÁBAN GŐZÖLÖGNEK, BEZÁRJÁK A LEVEKET, AZ ÍZEKET ÉS A TÁPANYAGOKAT – ÉS NINCS SZÜKSÉG UTÁNA MOSNIVALÓ EDÉNYEKRE.

4 6 uncia friss vagy fagyasztott lazacfilé

1 csésze enyhén csomagolt friss bazsalikomlevél

1 csésze enyhén csomagolt friss petrezselyemlevél

½ csésze mogyoró, pirított*

5 evőkanál olívaolaj

1 teáskanál finomra vágott citromhéj

2 evőkanál friss citromlé

1 gerezd fokhagyma apróra vágva

1 kiló karcsú spárga, vágva

4 evőkanál száraz fehérbor

1. Olvassza fel a lazacot, ha fagyott. öblítse le a halat; Papírtörlővel töröljük szárazra. Melegítse elő a sütőt 400°F-ra.

2. A pestohoz turmixgépben vagy konyhai robotgépben keverje össze a bazsalikomot, a petrezselymet, a mogyorót, az olívaolajat, a citromhéjat, a citromlevet és a fokhagymát. Fedjük le és keverjük össze vagy dolgozzuk simára; félretesz.

3. Vágjon négy 12 hüvelykes négyzetet a sütőpapírból. Minden csomaghoz tegyünk egy lazacfilét egy pergamen négyzet közepére. A tetejére tegyük a spárga negyedét és 2-3 evőkanál pestót; Meglocsoljuk 1 evőkanál borral. Emelje fel a sütőpapír két ellentétes oldalát, és hajtsa rá többször a halra. Hajtsa be a pergamen végeit a lezáráshoz. Ismételje meg ezt a folyamatot további három csomag létrehozásához.

4. Süssük 17-19 percig, vagy amíg villával teszteljük a halat (a készenlét ellenőrzéséhez óvatosan nyissa ki a csomagot).

*Tipp: A mogyoró pirításához melegítse elő a sütőt 350°F-ra. Egy lapos tepsiben terítsd szét a diót egy rétegben. Süssük 8-10 percig, vagy amíg enyhén megpirul, egyszer keverjük meg, hogy egyenletesen piruljon. Hagyja kicsit kihűlni a diót. Helyezze a meleg diót egy tiszta konyharuhára. Dörzsölje át a törülközővel, hogy eltávolítsa a laza bőrt.

FŰSZERES LAZAC GOMBÁS ALMÁS SERPENYŐS SZÓSSZAL

KEZDETTŐL A VÉGÉIG:40 perces elkészítési idő: 4 adag

EZ AZ EGÉSZ LAZACFILÉPÁROLT GOMBA, MEDVEHAGYMA ÉS VÖRÖS HÉJÚ ALMA SZELET KEVERÉKÉVEL – ÉS ÉLÉNKZÖLD SPENÓTÁGYON TÁLALVA – EZ EGY LENYŰGÖZŐ ÉTEL, AMELYET AZ ÉTKEZŐKNEK TÁLALHATNAK.

1 ½ font friss vagy fagyasztott egész lazacfilé, bőrrel

1 teáskanál édesköménymag apróra vágva*

½ teáskanál szárított zsálya, összetörve

½ teáskanál őrölt koriander

¼ teáskanál száraz mustár

¼ teáskanál fekete bors

2 evőkanál olívaolaj

1½ csésze friss cremini gomba, negyedelve

1 közepes mogyoróhagyma, nagyon vékonyra szeletelve

1 kis főzőalma, negyedelve, kimagozva és vékonyra szeletelve

¼ csésze száraz fehérbor

4 csésze friss spenót

Kis gallyak friss zsálya (elhagyható)

1. Olvassza fel a lazacot, ha fagyott. Melegítse elő a sütőt 425 °F-ra. Béleljünk ki egy nagy tepsit sütőpapírral; félretesz. öblítse le a halat; Papírtörlővel töröljük szárazra. Helyezze a lazacot bőrével lefelé az előkészített tepsire. Egy kis tálban keverje össze az édesköménymagot, ½ teáskanál szárított zsályát,

koriandert, mustárt és borsot. Egyenletesen szórjuk a lazacra; dörzsölje az ujjaival.

2. Mérjük meg a hal vastagságát. Süssük a lazacot 4-6 percig ½ hüvelyk vastagságonként, vagy amíg villával teszteljük, addig, amíg a hal fel nem válik.

3. Ezalatt egy serpenyős szószhoz hevíts olívaolajat egy nagy serpenyőben közepesen magas lángon. Adjunk hozzá gombát és medvehagymát; Főzzük 6-8 percig, vagy amíg a gombák megpuhulnak és barnulni kezdenek, időnként megkeverve. Adjunk hozzá almát; lefedjük és kevergetve további 4 percig főzzük. Óvatosan adjunk hozzá bort. Fedő nélkül főzzük 2-3 percig, vagy amíg az almaszeletek megpuhulnak. Egy lyukas kanál segítségével helyezze a gombás keveréket egy közepes tálba. fedjük le, hogy melegen tartsuk.

4. Ugyanabban a serpenyőben főzzük a spenótot 1 percig, vagy amíg a spenót éppen megfonnyad, folyamatos keverés közben. Osszuk el a spenótot négy tányérra. A lazacfilét négy egyenlő részre vágjuk, egészen a bőrig, de ne a bőrön keresztül. Egy nagy spatulával emelje ki a lazac egy részét a bőrről. Tegyünk egy adag lazacot a spenótra minden tányérra. A gombás keveréket egyenletesen ráöntjük a lazacra. Ízlés szerint friss zsályával díszítjük.

*Tipp: mozsártörővel vagy fűszerdarálóval törje össze az édesköménymagot.

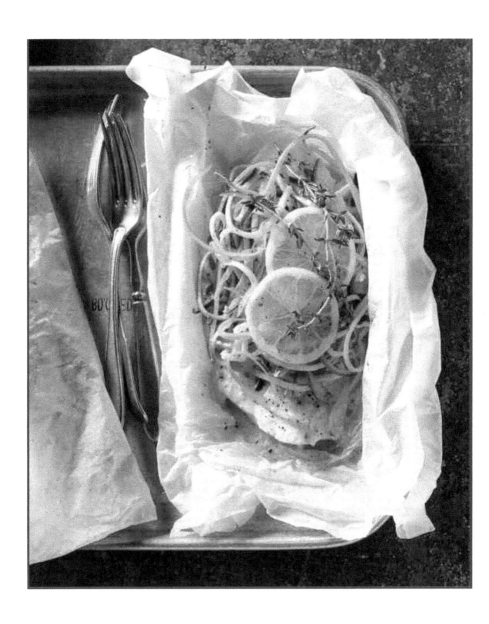

SOLE EN PAPILLOTE ZSUGORÍTOTT ZÖLDSÉGEKKEL

KÉSZÍTMÉNY:30 percig sütjük: 12 perc: 4 adagFÉNYKÉP

BIZTOSAN LEHET JULIENNE ZÖLDSÉGEKETJÓ ÉLES
SZAKÁCSKÉSSEL, DE NAGYON IDŐIGÉNYES. JULIENNE
HÁMOZÓ (LÁSD"FELSZERELÉS") GYORSAN HOSSZÚ, VÉKONY,
EGYENLETES FORMÁJÚ ZÖLDSÉGCSÍKOKAT KÉSZÍT.

4 6 uncia friss vagy fagyasztott nyelvhal, lepényhal vagy
   más kemény fehérhal filé

1 cukkini, juliened

1 nagy sárgarépa, juliened

Fél vöröshagyma, zsugorított

2 roma paradicsom kimagozva és apróra vágva

2 gerezd fokhagyma, apróra vágva

1 evőkanál olívaolaj

½ teáskanál fekete bors

1 citrom 8 vékony szeletre vágva, magokat eltávolítva

8 szál friss kakukkfű

4 teáskanál olívaolaj

¼ csésze száraz fehérbor

1. Olvassza fel a halat, ha fagyott. Melegítse elő a sütőt 375
   °F-ra. Egy nagy tálban keverjük össze a cukkinit, a
   sárgarépát, a hagymát, a paradicsomot és a fokhagymát.
   Adjunk hozzá 1 evőkanál olívaolajat és ¼ teáskanál
   borsot; jól dobd össze. tedd félre a zöldségeket.

2. Vágjon ki négy 14 hüvelykes négyzetet a sütőpapírból.
   öblítse le a halat; Papírtörlővel töröljük szárazra.
   Helyezzen egy filét minden négyzet közepére.

Megszórjuk a maradék ¼ teáskanál borssal. A zöldségeket, a citromszeleteket és a kakukkfű ágakat ráhelyezzük a filére, és egyenletesen elosztjuk. Minden köteget meglocsolunk 1 teáskanál olívaolajjal és 1 evőkanál fehérborral.

3. Egyszerre egy csomagot dolgozva húzza fel a sütőpapír két ellentétes oldalát, és hajtsa rá többször a halra. Hajtsa be a pergamen végeit a lezáráshoz.

4. Rendezzük el a csomagokat egy nagy tepsiben. Körülbelül 12 percig sütjük, vagy amíg villával teszteljük a halat, amíg a hal pelyhessé nem válik (a készenlét ellenőrzéséhez óvatosan nyissa ki a csomagot).

5. Helyezzen minden csomagot egy tányérra a tálaláshoz. Óvatosan nyissa ki a csomagokat.

RUKKOLA PESTO FISH TACOS FÜSTÖS LIME KRÉMMEL

KÉSZÍTMÉNY:30 perces grillezés: 4-6 perc ½ hüvelyk vastagságonként, hozam: 6 adag

A TALPAT TŐKEHALRA CSERÉLHETI- CSAK NINCS TILÁPIA. SAJNOS A TILÁPIA AZ EGYIK LEGROSSZABB VÁLASZTÁS A HALAK SZÁMÁRA. A GAZDASÁGBAN SZINTE MINDENHOL TENYÉSZTIK, ÉS GYAKRAN BORZASZTÓ KÖRÜLMÉNYEK KÖZÖTT. BÁR A TILÁPIA SZINTE MINDENÜTT JELEN VAN, KERÜLNI KELL.

- 4 4-5 uncia friss vagy fagyasztott nyelvhal filé, körülbelül ½ hüvelyk vastag
- 1 recept rakéta pesto (lásdrecept)
- ½ csésze kesudiókrém (lásdrecept)
- 1 teáskanál füstös fűszerezés (lásdrecept)
- ½ teáskanál finomra reszelt lime héj
- 12 db salátalevél
- 1 érett avokádó félbevágva, kimagozva, meghámozva és vékonyra szeletelve
- 1 csésze apróra vágott paradicsom
- ¼ csésze friss koriander
- 1 lime-ot szeletekre vágunk

1. Olvassza fel a halat, ha fagyott. öblítse le a halat; Papírtörlővel töröljük szárazra. Tegye félre a halat.

2. Dörzsölje be egy kis rukkola pestóval a hal mindkét oldalát.

3. Faszén- vagy gázsütőnél helyezze a halat közvetlenül egy zsírozott rácsra, közepes-nagy lángon. Fedjük le és

grillezzük 4-6 percig, vagy amíg a hal villával tesztelve felforr, és a főzés felénél egyszer elfordul.

4. Közben a Smoky Lime krémhez egy kis tálkában keverjük össze a kesudiókrémet, a füstös fűszerezést és a lime héját.

5. A halat villával darabokra törjük. Töltsük meg a vajfej lapokat hallal, avokádószeletekkel és paradicsommal. Megszórjuk korianderrel. Meglocsoljuk a tacókat Smoky Lime krémmel. Lime szeletekkel tálaljuk, hogy a tacosra facsarjuk.

MANDULA KÉRGES TALP

KÉSZÍTMÉNY:15 perc főzés: 3 perc készítés: 2 adag

CSAK EGY KIS MANDULALISZTGYÖNYÖRŰ HÉJAT HOZ LÉTRE
EZEN A RENDKÍVÜL GYORSAN ELKÉSZÍTHETŐ SÜLT HALON,
KRÉMES MAJONÉZZEL ÉS EGY MEGHINTÉSSEL FRISS
CITROMMAL TÁLALVA.

12 uncia friss vagy fagyasztott nyelvhal filé

1 evőkanál citromfű fűszer (lásdrecept)

¼-½ teáskanál fekete bors

⅓ csésze mandulaliszt

2-3 evőkanál olívaolaj

¼ csésze paleo majonéz (lásdrecept)

1 teáskanál apróra vágott friss kapor

citrom szeleteket

1. Olvassza fel a halat, ha fagyott. öblítse le a halat;
   Papírtörlővel töröljük szárazra. Egy kis tálban keverjük
   össze a citromfűszert és a borsot. A filé mindkét oldalát
   bekenjük fűszerkeverékkel, és enyhén megnyomkodjuk,
   hogy ragadjon. Egy nagy tányéron mandulalisztet
   szórunk ki. Mindegyik filé egyik oldalát mártsuk a
   mandulalisztbe, és enyhén megnyomkodjuk, hogy
   ragadjon.

2. Egy nagy serpenyőben melegíts fel annyi olajat, hogy
   bevonja a serpenyőt közepesen magas lángon. Adjuk
   hozzá a halat, bevont oldalával lefelé. Hagyjuk 2 percig
   főni. Óvatosan fordítsa meg a halat. főzzük még

körülbelül 1 percig, vagy villával tesztelve addig, amíg a hal fel nem válik.

3. A szószhoz egy kis tálban keverjük össze a paleo majonézt és a kaprot. A halat szósszal és citromkarikákkal tálaljuk.

GRILLEZETT TŐKEHAL ÉS CUKKINIS CSOMAGOK FŰSZERES MANGÓS BAZSALIKOM SZÓSSZAL

KÉSZÍTMÉNY:20 perc grillezés: 6 perc: 4 adag

1-1,5 font friss vagy fagyasztott tőkehal, ½-1 hüvelyk vastag
4 db 24 hüvelyk hosszú 12 hüvelyk széles fóliadarab
1 közepes cukkini julienne csíkokra vágva
Citrom és fűszernövények fűszerezése (lásdrecept)
¼ csésze Chipotle Paleo Mayo (lásdrecept)
1-2 evőkanál pépesített érett mangó*
1 evőkanál friss lime vagy citromlé vagy rizsborecet
2 evőkanál apróra vágott friss bazsalikom

1. Olvassza fel a halat, ha fagyott. öblítse le a halat; Papírtörlővel töröljük szárazra. A halat négy részre vágjuk.

2. Hajtsa félbe mindegyik fóliadarabot, hogy dupla vastagságú, 12 hüvelykes négyzetet kapjon. Helyezzen egy adag halat egy négyzet alakú fólia közepére. A tetejére rátesszük a cukkini negyedét. Megszórjuk citromfűszerekkel. Emelje fel a fólia két ellentétes oldalát, és hajtsa rá többször a cukkinire és a halra. Hajtsa rá a fólia végeit. Ismételje meg ezt a folyamatot további három csomag létrehozásához. A szósz elkészítéséhez egy kis tálban keverjük össze a chipotle paleo majonézt, a mangót, a lime levét és a bazsalikomot. félretesz.

3. Faszén- vagy gázgrill esetén helyezze a csomagokat közvetlenül az olajozott sütőrácsra közepesen magas

lángon. Fedjük le, és grillezzük 6–9 percig, vagy amíg a villával tesztelt hal pehelyre nem válik, a cukkini pedig ropogós-puha lesz (a készenlét ellenőrzéséhez óvatosan nyissa ki a csomagot). Grillezés közben ne fordítsa meg a csomagokat. Minden adagot megkenünk szósszal.

*Tipp: A mangópüréhez keverjen össze ¼ csésze apróra vágott mangót és 1 evőkanál vizet egy turmixgépben. Lefedve simára keverjük. Adjuk hozzá a maradék pürésített mangót a turmixhoz.

RIZLINGBEN BUGGYANTOTT TŐKEHAL PESTÓVAL TÖLTÖTT PARADICSOMMAL

KÉSZÍTMÉNY:30 perc főzés: 10 perc készítés: 4 adag

1-1,5 font friss vagy fagyasztott tőkehalfilé, körülbelül 1 hüvelyk vastag

4 roma paradicsom

3 evőkanál bazsalikomos pesto (lásdrecept)

¼ teáskanál törött fekete bors

1 csésze száraz rizling vagy sauvignon blanc

1 szál friss kakukkfű vagy ½ teáskanál szárított kakukkfű apróra vágva

1 babérlevél

½ csésze vizet

2 evőkanál apróra vágott medvehagyma

citrom szeleteket

1. Olvassza fel a halat, ha fagyott. A paradicsomot vízszintesen félbevágjuk. Vágja ki a magokat és egy kis húst. (Ha a paradicsomnak laposra kell ülnie, vágjunk le egy nagyon vékony szeletet a végéből, ügyelve arra, hogy ne lyukadjon ki a paradicsom alja.) Mindegyik paradicsomfélbe kanalazunk egy kis pesto-t. megszórjuk törött borssal; félretesz.

2. Öblítse le a halat; Papírtörlővel töröljük szárazra. A halat négy részre vágjuk. Helyezzen egy párolókosarat egy nagy serpenyőbe, szorosan záródó fedéllel. Adjunk hozzá körülbelül ½ hüvelyk vizet a serpenyőbe. felforral; Csökkentse a hőt közepesre. Helyezze a

paradicsomot a kosárba, oldalával felfelé. Fedjük le és pároljuk 2-3 percig, vagy amíg át nem melegszik.

3. Tegye a paradicsomot egy tányérra; fedjük le, hogy melegen tartsuk. vegye ki a gőzkosarat a serpenyőből; dobja ki a vizet. Adjuk hozzá a bort, a kakukkfüvet, a babérlevelet és ½ csésze vizet a serpenyőbe. felforral; Csökkentse a hőt közepes-alacsonyra. Adjunk hozzá halat és medvehagymát. Fedjük le, és pároljuk 8-10 percig, vagy amíg villával teszteljük a halat.

4. A halat meglocsoljuk némi orvvadász folyadékkal. A halat pestóval töltött paradicsommal és citromkarikákkal tálaljuk.

SÜLT TŐKEHAL, PISZTÁCIÁVAL ÉS KORIANDERREL AZ ÖSSZETÖRT ÉDESBURGONYA FELETT

KÉSZÍTMÉNY:Főzés 20 perc: Sütés 10 perc: 4-6 perc ½ hüvelyk vastagságonként Készítmény: 4 adag

1-1,5 font friss vagy fagyasztott tőkehal
Olívaolaj vagy finomított kókuszolaj
2 evőkanál őrölt pisztácia, pekándió vagy mandula
1 tojás fehérje
½ teáskanál finomra reszelt citromhéj
1½ kiló édesburgonya, meghámozva és kockákra vágva
2 gerezd fokhagyma
1 evőkanál kókuszolaj
1 evőkanál reszelt friss gyömbér
½ teáskanál őrölt kömény
¼ csésze kókusztej (ugyanúgy, mint a Nature's Way)
4 teáskanál koriander pesto vagy bazsalikomos pesto (lásdreceptek)

1. Olvassa fel a halat, ha fagyott. A brojlereket előmelegítjük. Egy grillserpenyő olajrácsa. Egy kis tálban keverjük össze a darált diót, a tojásfehérjét és a citromhéjat. félretesz.

2. Az összetört édesburgonyához egy közepes serpenyőben főzzük meg az édesburgonyát és a fokhagymát annyi forrásban lévő vízben, hogy ellepje, 10-15 percig, vagy amíg megpuhul. csatorna; Tegye vissza az édesburgonyát és a fokhagymát a fazékba. Az édesburgonyát burgonyanyomóval összetörjük. Keverjünk hozzá 1 evőkanál kókuszolajat, gyömbért és

köményt. Keverjük össze a kókusztejjel, amíg világos és habos nem lesz.

3. Öblítse le a halat; Papírtörlővel töröljük szárazra. A halat négy részre vágjuk, és egy grillserpenyő előkészített, nem melegített rácsára tesszük. Tűzd be a vékony szélek alá. Minden darabot megkenünk koriander pestoval. A diós keveréket ráöntjük a pestora, és óvatosan szétterítjük. A halat fél hüvelyk vastagságonként 4 hüvelykig sütjük a tűzről 4-6 percig, vagy amíg villával teszteljük a halat, és grillezéskor fóliával lefedjük, ha a bevonat égni kezd. A halat édesburgonyával tálaljuk.

ROZMARINGOS MANDARIN TŐKEHAL SÜLT BROKKOLIVAL

KÉSZÍTMÉNY:Pácolás 15 perc: 30 percig sütjük: 12 perc
készítés: 4 adag

1-1,5 font friss vagy fagyasztott tőkehal

1 teáskanál finomra vágott mandarin héja

½ csésze friss mandarin vagy narancslé

4 evőkanál olívaolaj

2 teáskanál vágott friss rozmaring

¼-½ teáskanál tört fekete bors

1 teáskanál finomra vágott mandarin héja

3 csésze brokkoli rózsa

¼ teáskanál törött pirospaprika

Mandarin szeletek, magok eltávolítva

1. Melegítse elő a sütőt 450°F-ra. Olvassa fel a halat, ha fagyott. öblítse le a halat; Papírtörlővel töröljük szárazra. A halat négy részre vágjuk. Mérjük meg a hal vastagságát. Egy sekély tálban keverje össze a mandarin héját, a mandarin levét, 2 evőkanál olívaolajat, a rozmaringot és a fekete borsot. adjunk hozzá halat. Fedjük le és pácoljuk a hűtőszekrényben legfeljebb 30 percig.

2. Egy nagy tálban dobd meg a brokkolit a maradék 2 evőkanál olívaolajjal és a törött pirospaprikával. 2 literes rakott edénybe öntjük.

3. Egy sekély tepsit enyhén megkenünk további olívaolajjal. Csepegtessük le a halat, és tartsuk le a pácot. Helyezze a halat a serpenyőbe, vékony széle alá húzva. Helyezze a halat és a brokkolit a sütőbe. Süssük a brokkolit 12-15

percig, vagy amíg ropogós nem lesz, egyszer a főzés felénél megkeverjük. Süssük a halat 4-6 percig minden fél hüvelyk vastagságig, vagy addig, amíg villával tesztelve a hal pelyhesedik.

4. Egy kis serpenyőben forraljuk fel a fenntartott pácot; Hagyjuk 2 percig főni. A főtt halat meglocsoljuk a páccal. A halat brokkolival és mandarinszeletekkel tálaljuk.

CURRY TŐKEHAL SALÁTA PAKOLÁSOK ECETES RETEKKEL

KÉSZÍTMÉNY:Állni 20 percig: főzni 20 percig: 6 percig készíteni: 4 adagFÉNYKÉP

1 font friss vagy fagyasztott tőkehalfilé

6 retek durvára vágva

6-7 evőkanál almaecet

½ teáskanál törött pirospaprika

2 evőkanál finomítatlan kókuszolaj

¼ csésze mandulavaj

1 gerezd fokhagyma apróra vágva

2 teáskanál finomra reszelt gyömbér

2 evőkanál olívaolaj

1½-2 teáskanál currypor hozzáadott só nélkül

4-8 salátalevél vagy salátalevél

1 piros kaliforniai paprika julienne csíkokra vágva

2 evőkanál apróra vágott friss koriander

1. Olvassza fel a halat, ha fagyott. Egy közepes tálban keverje össze a retket, 4 evőkanál ecetet és ¼ teáskanál őrölt pirospaprikát. Hagyja állni 20 percig, időnként megkeverve.

2. A mandulavajas szószhoz olvasszuk fel a kókuszolajat egy kis serpenyőben, lassú tűzön. A mandula vajat simára keverjük. Keverje hozzá a fokhagymát, a gyömbért és a maradék ¼ teáskanál törött pirospaprikát. Vegye le a tűzhelyről. Adjuk hozzá a maradék 2-3 evőkanál almaecetet, és keverjük simára; félretesz. (A szósz kissé besűrűsödik, ha ecetet adunk hozzá.)

3. Öblítse le a halat; Papírtörlővel töröljük szárazra. Egy nagy serpenyőben melegítsük fel az olívaolajat és a curryport közepesen magas lángon. Adjunk hozzá halat; Főzzük 3-6 percig, vagy addig, amíg a hal villával tesztelve fel nem válik, és a főzés felénél megfordul. A halat két villával durván pelyhesítjük.

4. Lecsepegtetjük a retket; Dobja el a pácot. Adjon hozzá egy kis halat, paprikacsíkokat, retekkeveréket és mandulavajszószt minden salátalevélhez. Megszórjuk korianderrel. Tekerjük a levelet a töltelék köré. Ha szükséges, rögzítse a csomagokat fa fogpiszkálóval.

SÜLT FOLTOS TŐKEHAL CITROMMAL ÉS ÉDESKÖMÉNNYEL

KÉSZÍTMÉNY:25 perc sütés: 50 perc készítés: 4 adag

A FOLTOS TŐKEHAL, A POLLOCK ÉS A COD IS MEGVANENYHE ÍZŰ, KEMÉNY FEHÉR HÚS. A LEGTÖBB RECEPTBEN FELCSERÉLHETŐK, BELEÉRTVE EZT AZ EGYSZERŰ SÜLT HALAT ÉS ZÖLDSÉGET, FŰSZERNÖVÉNYEKKEL ÉS BORRAL.

4 6 uncia friss vagy fagyasztott foltos tőkehal, pollock vagy tőkehal filé, körülbelül ½ hüvelyk vastag

1 nagy hagymás édeskömény, kimagozva és felszeletelve, a leveleket fenntartva és apróra vágva

4 közepes sárgarépa függőlegesen felezve és 2-3 hüvelyk hosszú darabokra szeletelve

1 vöröshagyma félbevágva és felszeletelve

2 gerezd fokhagyma, apróra vágva

1 citrom vékonyra szeletelve

3 evőkanál olívaolaj

½ teáskanál fekete bors

¾ csésze száraz fehérbor

2 evőkanál finomra vágott friss petrezselyem

2 evőkanál rántott friss édeskömény levél

2 teáskanál finomra vágott citromhéj

1. Olvassza fel a halat, ha fagyott. Melegítse elő a sütőt 400°F-ra. Egy 3 literes téglalap alakú rakott edényben keverje össze az édesköményt, a sárgarépát, a hagymát, a fokhagymát és a citromkarikákat. Meglocsoljuk 2 evőkanál olívaolajjal, és megszórjuk ¼ teáskanál borssal. kabátba dobni. Öntsön bort egy tálba. Fedjük le a tálat fóliával.

2. 20 percig sütjük. Felfedez; Keverjük hozzá a zöldségkeveréket. Süssük további 15-20 percig, vagy amíg a zöldségek ropogósak és megpuhulnak. Keverjük hozzá a zöldségkeveréket. Megszórjuk a halat a maradék ¼ teáskanál borssal. Helyezze a halat a zöldségkeverékre. Meglocsoljuk a maradék 1 evőkanál olívaolajjal. Süssük kb. 8-10 percig, vagy amíg villával teszteljük a halat.

3. Egy kis tálban keverjük össze a petrezselymet, az édesköménylevelet és a citromhéjat. Tálaláskor osszuk el a hal-zöldségkeveréket a tálalótányérok között. Spoon serpenyőben lé halak és zöldségek. Megszórjuk petrezselymes keverékkel.

CAJUN STÍLUSÚ PEKÁNDIÓS SNAPPER TARTÁRMÁRTÁSSAL, OKRÁVAL ÉS PARADICSOMMAL

KÉSZÍTMÉNY:1 óra főzés: 10 perc sütés: 8 perc készítés: 4 adag

VÁLLALKOZÁSRA MÉLTÓ HALÉTELKICSIT KELL ELKÉSZÜLNI, DE A GAZDAG ÍZEK MIATT MEGÉRI. A TARTÁRMÁRTÁST – MUSTÁRRAL, CITROMMAL ÉS CAJUN FŰSZEREKKEL ÁTITATOTT, APRÓRA VÁGOTT PIROSPAPRIKÁVAL, MOGYORÓHAGYMÁVAL ÉS PETREZSELYEMMEL GAZDAGÍTOTT, MAJONÉZES SZÓSZT – MÁR EGY NAPPAL KORÁBBAN ELKÉSZÍTHETJÜK, ÉS HŰTJÜK.

- 4 evőkanál olívaolaj
- ½ csésze finomra vágott pekándió
- 2 evőkanál apróra vágott friss petrezselyem
- 1 evőkanál apróra vágott friss kakukkfű
- 2 db 8 uncia Red Snapper filé, ½ hüvelyk vastag
- 4 teáskanál Cajun fűszerkeverék (lásdrecept)
- ½ csésze kockára vágott hagyma
- ½ csésze kockára vágott zöldpaprika
- ½ csésze kockára vágott zeller
- 1 evőkanál darált fokhagyma
- 1 font friss okra, 1 hüvelyk vastag szeletekre szeletelve (vagy friss spárga, 1 hüvelykes darabokra szeletelve)
- 8 uncia szőlő- vagy koktélparadicsom, félbevágva
- 2 teáskanál apróra vágott friss kakukkfű
- Fekete bors
- Rémoulade (lásd a receptet a jobb oldalon)

1. Egy közepes serpenyőben hevíts fel 1 evőkanál olívaolajat közepesen magas lángon. Adjuk hozzá a pekándiót és pirítsuk meg, gyakran kevergetve, körülbelül 5 percig, vagy amíg arany és illatos nem lesz. Helyezze a pekándiót egy kis tálba, és hagyja kihűlni. Adjunk hozzá petrezselymet és kakukkfüvet, és tegyük félre.

2. Melegítse elő a sütőt 400°F-ra. Egy tepsit kibélelünk sütőpapírral vagy fóliával. Helyezze a snapper filéket bőrével lefelé a tepsire, és mindegyiket megszórja 1 teáskanál Cajun fűszerezéssel. Cukrászecsettel kenjünk a filékre 2 evőkanál olívaolajat. Osszuk el egyenletesen a pekándió keveréket a filék között, finoman nyomkodjuk a diót a hal felületére, hogy segítsünk megtapadni. Ha lehetséges, fedje be dióval a halfilé szabadon hagyott területeit. Süssük a halat 8-10 percig, vagy amíg egy kés hegyével könnyen pelyhesednek.

3. Egy nagy serpenyőben közepes-magas lángon felforrósítjuk a maradék 1 evőkanál olívaolajat. Adjuk hozzá a hagymát, a kaliforniai paprikát, a zellert és a fokhagymát. Főzzük és keverjük 5 percig, vagy amíg a zöldségek ropogósak és puha nem lesznek. Adjuk hozzá a felszeletelt okra (vagy spárgát, ha használunk) és a paradicsomot; Főzzük 5-7 percig, vagy addig, amíg az okra ropogós és puha nem lesz, és a paradicsom kezd szétválni. Lehúzzuk a tűzről, kakukkfűvel és fekete borssal ízesítjük. A zöldségeket snapperrel és rémouláddal tálaljuk.

Remuládé: Egy robotgépben finomra pürésítsen ½ csésze apróra vágott piros kaliforniai paprikát, ¼ csésze apróra vágott zöldhagymát és 2 evőkanál apróra vágott friss petrezselymet. Adjunk hozzá ¼ csésze paleo majonézt (lásdrecept), ¼ csésze dijoni mustár (lásdrecept), 1½ teáskanál citromlé és ¼ teáskanál Cajun fűszerkeverék (lásdrecept). Pulse up kombinált. Tedd egy tálba, és tálalásig tartsd a hűtőben. (A remuládé 1 nappal előre elkészíthető és hűtőben tárolható.)

TÁRKONYOS TONHAL POGÁCSÁK AVOKÁDÓS-CITROMOS AÏOLIVAL

KÉSZÍTMÉNY:25 perc főzés: 6 perc készítés: 4 adagFÉNYKÉP

A LAZAC MELLETT A TONHAL AZ EGYIKA RITKA HALFAJTÁKBÓL, AMELYEK FINOMRA VÁGHATÓK ÉS HAMBURGEREKKÉ FORMÁLHATÓK. ÜGYELJEN ARRA, HOGY NE DOLGOZZA TÚL A TONHALAT A ROBOTGÉPBEN.

1 kiló friss vagy fagyasztott bőr nélküli tonhalfilé

1 tojásfehérje enyhén felverve

¾ csésze őrölt arany lenmagliszt

1 evőkanál frissen vágott tárkony vagy kapor

2 evőkanál apróra vágott friss metélőhagyma

1 teáskanál finomra vágott citromhéj

2 evőkanál lenmagolaj, avokádóolaj vagy olívaolaj

1 közepes avokádó, kimagozva

3 evőkanál paleo majonéz (lásdrecept)

1 teáskanál finomra vágott citromhéj

2 teáskanál friss citromlé

1 gerezd fokhagyma apróra vágva

4 uncia bébispenót (körülbelül 4 csésze szorosan csomagolva)

⅓ csésze pirított fokhagymás vinaigrette (lásdrecept)

1 Granny Smith alma, kimagozva és gyufaszálra vágva

¼ csésze apróra vágott pirított dió (lásdtipp)

1. Olvassza fel a halat, ha fagyott. öblítse le a halat; Papírtörlővel töröljük szárazra. Vágja a halat 1,5 hüvelykes darabokra. Helyezze a halat egy konyhai

robotgépbe. Be-/kikapcsoló impulzusokkal dolgozza fel, amíg finomra nem vágja. (Vigyázz, ne dolgozd túl, különben a pite megkeményedik.) Tegye félre a halat.

2. Egy közepes tálban keverje össze a tojásfehérjét, ¼ csésze lenmaglisztet, a tárkonyt, a metélőhagymát és a citromhéjat. Adjunk hozzá halat; Óvatosan keverjük össze. Formázz a halkeverékből négy ½ hüvelyk vastag pogácsát.

3. Helyezze a maradék ½ csésze lenmagolisztet egy sekély tálba. Mártsuk a pogácsákat a lenmagos keverékbe, majd fordítsuk meg, hogy egyenletesen bevonják.

4. Egy extra nagy serpenyőben közepes-magas lángon hevíts olajat. Süsd a tonhalpogácsákat forró olajban 6-8 percig, vagy amíg a pogácsákba vízszintesen behelyezett azonnali leolvasású hőmérő 160°F-ot nem mutat, a főzés felénél egyszer elforgatva.

5. Közben az aïolihoz egy közepes tálban villával pépesítsd az avokádót. Hozzáadjuk a paleo majonézt, a citromhéjat, a citromlevet és a fokhagymát. Pépesítsük jól össze és majdnem simára.

6. Helyezze a spenótot egy közepes tálba. Meglocsoljuk a spenótot sült fokhagymás vinaigrette-vel; kabátba dobni. Minden adaghoz tegyünk egy tonhalpogácsát és a spenót negyedét egy tálalótányérra. Tonhal tetejére aïolival. Spenót tetejére almával és dióval. Azonnal tálaljuk.

CSÍKOS BASSZUS TAGINE

KÉSZÍTMÉNY:50 perc hideg: 1-2 óra főzés: 22 perc sütés: 25 perc készítés: 4 adag

A TAGINE A NEVEMIND EGYFAJTA ÉSZAK-AFRIKAI ÉTEL (EGY PÖRKÖLT), MIND A KÚP ALAKÚ EDÉNY, AMELYBEN FŐZIK. HA NEM RENDELKEZIK ILYENNEL, EGY LEFEDETT SERPENYŐ IS JÓL MŰKÖDIK. A CHERMOULA EGY SŰRŰ ÉSZAK-AFRIKAI GYÓGYNÖVÉNYPASZTA, AMELYET LEGGYAKRABBAN HALAK PÁCKÉNT HASZNÁLNAK. TÁLALJA EZT A SZÍNES HALÉTELT ÉDESBURGONYA- VAGY KARFIOLPÜRÉVEL.

4 6 uncia friss vagy fagyasztott csíkos sügér vagy laposhal filé, bőrrel

1 csokor koriander, apróra vágva

1 teáskanál finomra reszelt citromhéj (félretesszük)

¼ csésze friss citromlé

4 evőkanál olívaolaj

5 gerezd fokhagyma apróra vágva

4 teáskanál őrölt kömény

2 teáskanál édes paprika

1 teáskanál őrölt koriander

¼ teáskanál őrölt ánizs

1 nagy hagyma, meghámozva, félbevágva és vékonyra szeletelve

1 15 uncia konzerv sómentes, kockára vágott tűzön sült paradicsom, sózatlanul

½ csésze csirke csontleves (lásdrecept) vagy csirkehúsleves hozzáadott só nélkül

1 nagy sárga kaliforniai paprika, kimagozva és ½ hüvelykes csíkokra vágva

1 nagy narancssárga kaliforniai paprika kimagozva és ½ hüvelykes csíkokra vágva

1. Olvassza fel a halat, ha fagyott. öblítse le a halat; Papírtörlővel töröljük szárazra. Helyezze a halfilét egy fémmentes, lapos rakott edénybe. Tegye félre a halat.

2. A chermoulához turmixgépben vagy kis robotgépben keverje össze a koriandert, a citromlevet, 2 evőkanál olívaolajat, 4 gerezd darált fokhagymát, köményt, paprikát, koriandert és ánizst. Lefedve simára keverjük.

3. A chermoula felét kanalazd a halra, és fordítsd meg a halat úgy, hogy mindkét oldala ellepje. Fedjük le és tegyük hűtőbe 1-2 órára. Fedjük le a maradék chermoulát; Hagyja szobahőmérsékleten, amíg szükséges.

4. Melegítse elő a sütőt 325°F-ra. Egy nagy serpenyőben melegítsük fel a maradék 2 evőkanál olajat közepesen magas lángon. adjunk hozzá hagymát; főzzük és keverjük 4-5 percig, vagy amíg megpuhul. Belekeverjük a maradék 1 gerezd apróra vágott fokhagymát. forraljuk fel és keverjük 1 percig. Adjuk hozzá a fenntartott chermoulát, a paradicsomot, a csirkehúslevest, a paprikacsíkokat és a citromhéjat. felforral; Csökkentse a hőt. 15 percig fedő nélkül pároljuk. Ha szükséges, vigye át a keveréket tajinba; A tetejére rakjuk a halat és a tálból megmaradt chermoulát. Kezdőlap; 25 percig sütjük. Azonnal tálaljuk.

LAPOSHAL FOKHAGYMÁS GARNÉLARÁK SZÓSZBAN SOFFRITO COLLARD GREENS-SZEL

KÉSZÍTMÉNY:30 perc főzés: 19 perc készítés: 4 adag

A LAPOSHALNAK KÜLÖNBÖZŐ FORRÁSAI ÉS FAJTÁI LÉTEZNEK.ÉS NAGYON KÜLÖNBÖZŐ MINŐSÉGŰEK LEHETNEK – ÉS NAGYON ELTÉRŐ KÖRÜLMÉNYEK KÖZÖTT HORGÁSZHATÓK. A HAL FENNTARTHATÓSÁGA, A KÖRNYEZET, AMELYBEN ÉL, ÉS A TENYÉSZTÉS/HALÁSZAT KÖRÜLMÉNYEI MIND OLYAN TÉNYEZŐK, AMELYEK MEGHATÁROZZÁK, HOGY MELYIK HAL A JÓ FOGYASZTÁSI LEHETŐSÉG. LÁTOGASSA MEG A MONTEREY BAY AQUARIUM WEBOLDALÁT (WWW.SEAFOODWATCH.ORG).

4 6 uncia friss vagy fagyasztott laposhal filé, körülbelül 1 hüvelyk vastag

Fekete bors

6 evőkanál extra szűz olívaolaj

½ csésze finomra vágott hagyma

¼ csésze kockára vágott piros kaliforniai paprika

2 gerezd fokhagyma, apróra vágva

¾ teáskanál füstölt spanyolpaprika

½ teáskanál frissen vágott oregánó

4 csésze gallérzöld, szárral, ¼ hüvelyk vastag szalagokra vágva (körülbelül 12 uncia)

⅓ csésze vizet

8 uncia közepes garnélarák, meghámozva, kivágva és durvára vágva

4 gerezd fokhagyma, vékonyra szeletelve

¼-½ teáskanál törött pirospaprika

⅓ csésze száraz sherry

2 evőkanál citromlé

¼ csésze apróra vágott friss petrezselyem

1. Olvassza fel a halat, ha fagyott. öblítse le a halat; Papírtörlővel töröljük szárazra. A halat megszórjuk borssal. Egy nagy serpenyőben melegíts fel 2 evőkanál olívaolajat közepesen magas lángon. Adjuk hozzá a filét; Főzzük 10 percig, vagy amíg villával tesztelve aranybarnára és halpehelyre nem sülnek. A főzés felénél egyszer fordítsa meg. Tegye a halat egy fóliával bélelt tányérra és sátorra, hogy melegen tartsa.

2. Közben egy másik nagy serpenyőben hevíts fel 1 evőkanál olívaolajat közepesen magas lángon. Adjunk hozzá hagymát, kaliforniai paprikát, 2 gerezd darált fokhagymát, kaliforniai paprikát és oregánót; főzzük és keverjük 3-5 percig, vagy amíg megpuhul. Hozzákeverjük a zöldfűszert és a vizet. Fedjük le, és főzzük 3-4 percig, vagy amíg a folyadék el nem párolog, és a zöldek megpuhulnak, időnként megkeverve. Fedjük le és tartsuk melegen tálalásig.

3. A garnélamártáshoz adjuk hozzá a maradék 3 evőkanál olívaolajat a hal főzéséhez használt serpenyőbe. Adjuk hozzá a garnélarákot, 4 gerezd fokhagymát és a törött pirospaprikát. Főzzük és keverjük 2-3 percig, vagy amíg a fokhagyma éppen kezd aranyszínűvé válni. Adjuk hozzá a garnélarákot; Főzzük, amíg a garnélarák szilárd és rózsaszínű nem lesz, 2-3 percig. Hozzákeverjük a sherryt és a citromlevet. Főzzük 1-2 percig, vagy amíg kissé meg nem puhul. Belekeverjük a petrezselymet.

4. A laposhal filét megkenjük garnélarákszósszal. Zöldségekkel tálaljuk.

TENGER GYÜMÖLCSEI BOUILLABAISSE

MINT AZ OLASZ CIOPPINO, EZ A FRANCIA TENGERI PÖRKÖLT IS OLYANÚGY TŰNIK, HOGY A HALAK ÉS KAGYLÓK AZ AZNAPI FOGÁSBÓL VETT MINTA, FOKHAGYMÁVAL, HAGYMÁVAL, PARADICSOMMAL ÉS BORRAL EGY EDÉNYBE DOBVA. A BOUILLABAISSE JELLEGZETES AROMÁJA AZONBAN A SÁFRÁNY, ÉDESKÖMÉNY ÉS NARANCSHÉJ ÍZKOMBINÁCIÓJA.

1 font friss vagy fagyasztott bőr nélküli laposhal filé 1 hüvelykes darabokra vágva

4 evőkanál olívaolaj

2 csésze apróra vágott hagyma

4 gerezd fokhagyma, összetörve

1 fej édeskömény kimagozva és apróra vágva

6 roma paradicsom apróra vágva

¾ csésze csirke csontleves (lásdrecept) vagy csirkehúsleves hozzáadott só nélkül

¼ csésze száraz fehérbor

1 csésze finomra vágott hagyma

1 fej édeskömény kimagozva és apróra vágva

6 gerezd fokhagyma apróra vágva

1 narancs

3 roma paradicsom apróra vágva

4 szál sáfrány

1 evőkanál friss oregánó

1 kiló kisnyakú kagyló, megdörzsölve és leöblítve

1 font kagyló, szakáll eltávolítva, megdörzsölve és leöblítve (lásdtipp)

Szeletelt friss oregánó (opcionális)

1. Olvassza fel a laposhalat, ha fagyott. öblítse le a halat; Papírtörlővel töröljük szárazra. Tegye félre a halat.

2. Egy 6-8 literes sütőben melegíts fel 2 evőkanál olívaolajat közepesen magas lángon. Adjunk hozzá 2 csésze apróra vágott hagymát, 1 apróra vágott édesköményt és 4 gerezd fokhagymát a serpenyőbe. Főzzük 7-9 percig, vagy amíg a hagyma megpuhul, időnként megkeverve. Adjunk hozzá 6 apróra vágott paradicsomot és 1 apróra vágott édesköményt; Főzzük további 4 percig. Adjunk hozzá csirke csontlevest és fehérbort a fazékhoz; pároljuk 5 percig; hagyjuk kicsit kihűlni. Helyezze a zöldségkeveréket turmixgépbe vagy konyhai robotgépbe. Fedjük le és keverjük össze vagy dolgozzuk simára; félretesz.

3. Ugyanabban a holland sütőben melegítse fel a maradék 1 evőkanál olívaolajat közepesen magas lángon. Adjunk hozzá 1 csésze apróra vágott hagymát, 1 fej finomra vágott édesköményt és 6 gerezd darált fokhagymát. Főzzük közepesen magas lángon 5-7 percig, vagy amíg majdnem megpuhul, gyakran kevergetve.

4. Zöldséghámozóval széles csíkokban távolítsuk el a narancs héját. félretesz. Helyezze a pürésített zöldségkeveréket, 3 apróra vágott paradicsomot, sáfrányt, oregánót és narancshéjcsíkokat a holland sütőbe. felforral; Csökkentse a hőt, hogy fenntartsa a párolást. Adjunk hozzá kagylót, kagylót és halat; Óvatosan keverjük össze, hogy a halat mártással bevonja. Szükség szerint állítsa be a hőt a párolás

fenntartásához. Fedjük le, és óvatosan pároljuk 3-5 percig, amíg a kagylók és a kagylók ki nem nyílnak, és villával tesztelve a halpehely ki nem nyílik. Merőkanál lapos tálakba tálalni. Kívánság szerint megszórjuk további oregánóval.

KLASSZIKUS GARNÉLARÁK CEVICHE

KÉSZÍTMÉNY:20 perc főzés: 2 perc hideg: 1 óra állva: 30 perc
készítés: 3-4 adag

EZ A LATIN-AMERIKAI ÉTEL POMPÁSÍZE ÉS ÁLLAGA.
ROPOGÓS UBORKA ÉS ZELLER, KRÉMES AVOKÁDÓ, CSÍPŐS ÉS
CSÍPŐS JALAPEŇOS, VALAMINT LÁGY, ÉDES GARNÉLARÁK
KEVERÉK LIME LEVÉVEL ÉS OLÍVAOLAJJAL. A HAGYOMÁNYOS
CEVICHE-BEN A LIME LEVÉBEN LÉVŐ SAVASSÁG "MEGFŐZI" A
GARNÉLARÁKOT – DE A FORRÁSBAN LÉVŐ VÍZBEN VALÓ
GYORS MEGMÁRTÁS SEMMIT SEM BÍZ A VÉLETLENRE, CSAK A
BIZTONSÁG KEDVÉÉRT – ÉS NEM BEFOLYÁSOLJA A
GARNÉLARÁK ÍZÉT VAGY ÁLLAGÁT.

1 font friss vagy fagyasztott közepes garnélarák,
meghámozva és kivágva, a farkát eltávolítva

Fél uborka, meghámozva, kimagozva és apróra vágva

1 csésze apróra vágott zeller

Fél kis vöröshagyma apróra vágva

1-2 jalapeňo kimagozva és apróra vágva (lásdtipp)

½ csésze friss limelé

2 roma paradicsom kockára vágva

1 avokádó félbevágva, kimagozva, meghámozva és
felkockázva

¼ csésze friss koriander

3 evőkanál olívaolaj

½ teáskanál fekete bors

1. Olvassa fel a garnélarákot, ha fagyott. Hámozza meg és
vágja le a garnélarákot; távolítsa el a farkokat. öblítse le
a garnélarákot; Papírtörlővel töröljük szárazra.

2. Tölts meg egy nagy serpenyőt félig vízzel. Felforral. Tegye a garnélarákot forrásban lévő vízbe. Fedő nélkül főzzük 1-2 percig, vagy amíg a garnélarák átlátszatlanná válik. csatorna. A garnélarákot hideg víz alatt megfuttatjuk, majd ismét lecsepegtetjük. A garnélát felkockázzuk.

3. Egy extra nagy, nem reakcióképes tálban keverje össze a garnélarákot, az uborkát, a zellert, a hagymát, a jalapenót és a lime levét. Lefedjük, és egyszer-kétszer 1 órára hűtőbe tesszük.

4. Keverje hozzá a paradicsomot, az avokádót, a koriandert, az olívaolajat és a fekete borsot. Fedjük le és hagyjuk állni szobahőmérsékleten 30 percig. Tálalás előtt óvatosan keverjük meg.

KÓKUSZOS GARNÉLARÁK SPENÓT SALÁTA

KERESKEDELMI GYÁRTÁSÚ OLÍVAOLAJ PERMETEZŐDOBOZOKGABONAALKOHOLT, LECITINT ÉS KELESZTŐSZEREKET TARTALMAZHAT – EZ NEM JÓ KEVERÉK, HA TISZTA, VALÓDI ÉTELEKET PRÓBÁL ENNI, ÉS KERÜLI A GABONÁT, AZ EGÉSZSÉGTELEN ZSÍROKAT, A HÜVELYESEKET ÉS A TEJTERMÉKEKET. AZ OLAJMOSÓ CSAK LEVEGŐT HASZNÁL AZ OLAJ FINOM PERMETLÉ TOVÁBBÍTÁSÁHOZ – IDEÁLIS A KÓKUSZHÉJAS GARNÉLARÁK ENYHE BEVONÁSÁRA SÜTÉS ELŐTT.

- 1½ font friss vagy fagyasztott extra nagy garnélarák héjában
- Extra szűz olívaolajjal töltött Misto spray flakon
- 2 tojás
- ¾ csésze cukrozatlan kókuszreszelék vagy kókuszreszelék
- ¾ csésze mandulaliszt
- ½ csésze avokádóolaj vagy olívaolaj
- 3 evőkanál friss citromlé
- 2 evőkanál friss limelé
- 2 kis gerezd fokhagyma apróra vágva
- ⅛-¼ teáskanál törött pirospaprika
- 8 csésze friss bébispenót
- 1 közepes avokádó félbevágva, kimagozva, meghámozva és vékonyra szeletelve
- 1 kis narancssárga vagy sárga kaliforniai paprika vékony, falatnyi csíkokra vágva
- ½ csésze vöröshagyma

1. Olvassa fel a garnélarákot, ha fagyott. Hámozzuk meg és hámozzuk ki a garnélarákot, a farkokat érintetlenül hagyjuk. öblítse le a garnélarákot; Papírtörlővel töröljük szárazra. Melegítse elő a sütőt 450 °F-ra. Béleljünk ki egy nagy tepsit alufóliával; Kenje meg a fóliát enyhén olajjal a Misto palackból; félretesz.

2. Egy sekély tálban verjük fel a tojásokat villával. Egy másik lapos edényben keverjük össze a kókusz- és mandulalisztet. Mártsuk a garnélarákot tojásba, és fordítsuk meg, hogy bevonjuk. Mártsuk kókuszos keverékbe, és nyomkodjuk bevonathoz (a farkat hagyjuk bevonat nélkül). Helyezze a garnélarákot egy rétegben az előkészített tepsire. Kenje meg a garnélarák tetejét a Misto üvegből származó olajjal.

3. Süssük 8-10 percig, vagy amíg a garnélarák átlátszatlanná válik, és a bevonat enyhén megbarnul.

4. Az öntethez egy kis befőttesüvegben keverjük össze az avokádóolajat, a citromlevet, a lime levét, a fokhagymát és a törött pirospaprikát. Fedjük le és jól rázzuk össze.

5. A salátákhoz osszuk el a spenótot négy tálra. A tetejére avokádót, kaliforniai paprikát, lilahagymát és garnélarákot teszünk. Meglocsoljuk öntettel és azonnal tálaljuk.

TRÓPUSI GARNÉLARÁK ÉS FÉSŰKAGYLÓ CEVICHE

KÉSZÍTMÉNY:Pácolás 20 percig: 30-60 perc hozam: 4-6 adag

A HŰVÖS ÉS KÖNNYŰ CEVICHE REMEK ÉTELEGY FORRÓ NYÁRI ÉJSZAKÁRA. DINNYE, MANGÓ, SERRANO CHILI, ÉDESKÖMÉNY ÉS MANGÓ-LIME SALÁTAÖNTETTEL (LÁSD<u>RECEPT</u>), EZ AZ EREDETI ÉDES ÉS FORRÓ VÁLTOZATA.

- 1 font friss vagy fagyasztott kagyló
- 1 font friss vagy fagyasztott nagy garnélarák
- 2 csésze kockára vágott mézharmat dinnye
- 2 közepes mangó, kimagozva, meghámozva és apróra vágva (kb. 2 csésze)
- 1 fej édeskömény vágva, negyedelve, kimagozva és vékonyra szeletelve
- 1 közepes piros kaliforniai paprika apróra vágva (kb. ¾ csésze)
- 1-2 serrano chili, tetszés szerint kimagozva és vékonyra szeletelve (lásd<u>tipp</u>)
- ½ csésze enyhén csomagolt friss koriander, apróra vágva
- 1 recept Mango Lime salátaöntet (lásd<u>recept</u>)

1. Olvassza fel a tengeri herkentyűt és a garnélarákot, ha megfagyott. Vízszintesen félbevágjuk a tengeri herkentyűket. A garnélarákokat meghámozzuk, lecsepegtetjük és vízszintesen kettévágjuk. Öblítse le a kagylót és a garnélarákot; Papírtörlővel töröljük szárazra. Tölts meg egy nagy serpenyőt háromnegyedig vízzel. Felforral. Adjunk hozzá garnélarákot és kagylót; Főzzük 3-4 percig, vagy amíg a garnélarák és a tengeri herkentyűk átlátszatlanok nem lesznek; lecsepegtetjük

és hideg vízzel leöblítjük, hogy gyorsan kihűljön. Jól leszűrjük és félretesszük.

2. Egy extra nagy tálban keverje össze a dinnyét, a mangót, az édesköményt, a kaliforniai paprikát, a serrano chilit és a koriandert. Adjunk hozzá mangó lime salátaöntetet; Óvatosan dobja be, hogy bevonja. Óvatosan keverjük hozzá a főtt garnélarákot és a tengeri herkentyűket. Tálalás előtt pácoljuk a hűtőszekrényben 30-60 percig.

JAMAICAI GARNÉLARÁK AVOKÁDÓOLAJJAL

KEZDETTŐL A VÉGÉIG:20 perces elkészítési idő: 4 adag

ÖSSZESEN 20 PERCCEL AZ ASZTALIGEZ AZ ÉTEL EGY MÁSIK NYOMÓS OK ARRA, HOGY EGÉSZSÉGESEN ÉTKEZZÜNK MÉG A LEGFORGALMASABB OTTHONI ÉJSZAKÁKON IS.

1 font friss vagy fagyasztott közepes garnélarák

1 csésze apróra vágott, hámozott mangó (1 közepes)

⅓ csésze vékonyra szeletelt lilahagyma, szeletelve

¼ csésze friss koriander

1 evőkanál friss limelé

2-3 evőkanál jamaicai jerk fűszerkeverék (lásdrecept)

1 evőkanál extra szűz olívaolaj

2 evőkanál avokádó olaj

1. Olvassza fel a garnélarákot, ha fagyott. Egy közepes tálban keverjük össze a mangót, a hagymát, a koriandert és a lime levét.

2. Hámozza meg és hámozza meg a garnélarákot. öblítse le a garnélarákot; Papírtörlővel töröljük szárazra. Helyezze a garnélarákot egy közepes tálba. Meghintjük jamaicai jerk fűszerezéssel. feldobjuk, hogy a garnélarák minden oldalát bevonja.

3. Egy nagy, tapadásmentes serpenyőben hevítsünk olívaolajat közepesen magas lángon. adjunk hozzá garnélarákot; főzzük és keverjük körülbelül 4 percig,

vagy amíg átlátszatlan. A garnélarákokat meglocsoljuk avokádóolajjal, és a mangós keverékkel tálaljuk.

GARNÉLARÁK FONNYADT SPENÓTTAL ÉS RADICCHIO-VAL

KÉSZÍTMÉNY:15 perc főzés: 8 perc készítés: 3 adag

A "SCAMPI" EGY KLASSZIKUS ÉTTERMI ÉTELRE UTALNAGY GARNÉLARÁK VAJBAN PIRÍTVA VAGY SÜTVE, SOK FOKHAGYMÁVAL ÉS CITROMMAL. EZ AZ ÍZLETES OLÍVAOLAJOS VÁLTOZAT PALEO-JÓVÁHAGYOTT – ÉS TÁPLÁLKOZÁSI SZEMPONTBÓL EGY GYORS SÜLT RADICCHIO-VAL ÉS SPENÓTTAL GAZDAGODIK.

1 font friss vagy fagyasztott nagy garnélarák

4 evőkanál extra szűz olívaolaj

6 gerezd fokhagyma apróra vágva

½ teáskanál fekete bors

¼ csésze száraz fehérbor

½ csésze apróra vágott friss petrezselyem

½ fej radicchio, kimagozva és vékonyra szeletelve

½ teáskanál törött pirospaprika

9 csésze bébispenót

citrom szeleteket

1. Olvassza fel a garnélarákot, ha fagyott. Hámozzuk meg és hámozzuk ki a garnélarákot, a farkokat érintetlenül hagyjuk. Egy nagy serpenyőben melegíts fel 2 evőkanál olívaolajat közepesen magas lángon. Adjunk hozzá garnélarákot, 4 gerezd darált fokhagymát és fekete borsot. Főzzük és keverjük körülbelül 3 percig, vagy amíg a garnélarák átlátszatlanná válik. Helyezze a garnélarák keveréket egy tálba.

2. Adjunk hozzá fehérbort a serpenyőbe. Kevergetve megfőzzük, hogy a barna fokhagyma kioldódjon a serpenyő aljáról. Öntsön bort a garnélarákra; dobja össze. Belekeverjük a petrezselymet. Fedjük le lazán fóliával, hogy melegen tartsuk; félretesz.

3. Tegye a serpenyőbe a maradék 2 evőkanál olívaolajat, a maradék 2 gerezd darált fokhagymát, a radicchiót és a törött pirospaprikát. Főzzük és keverjük közepesen magas lángon 3 percig, vagy amíg a radicchio éppen kezd fonnyadni. Óvatosan keverjük hozzá a spenótot. főzzük és keverjük még 1-2 percig, vagy amíg a spenót meg nem fonnyad.

4. Tálaláshoz osszuk el a spenótos keveréket három tányérra. A tetejére garnélarák keveréket. Tálaljuk citromkarikákkal a garnélarák és a zöldségek kifacsarásához.

RÁK SALÁTA AVOKÁDÓVAL, GRAPEFRUITTAL ÉS JICAMÁVAL

KEZDETTŐL A VÉGÉIG:30 perc elkészítés: 4 adag

JUMBO CSOMÓS VAGY HÁTUSZONYOS RÁKHÚS A LEGJOBBEHHEZ A SALÁTÁHOZ. A NAGY DARABOKBÓL ÁLLÓ RÁKHÚS SALÁTÁKBAN JÓL HASZNÁLHATÓ. A BACKFIN A JUMBO RÁKHÚS TÖRÖTT DARABJAINAK ÉS A RÁK TESTÉBŐL SZÁRMAZÓ KISEBB RÁKHÚSDARABOKNAK A KEVERÉKE. BÁR A HÁTSÓ SZÁRNY KISEBB, MINT A NAGYMÉRETŰ RÁK, JÓL MŰKÖDIK. TERMÉSZETESEN A FRISS A LEGJOBB, DE A FELENGEDETT FAGYASZTOTT GARNÉLARÁK JÓ VÁLASZTÁS.

6 csésze bébispenót

½ közepes jicama, meghámozva és julienáns*

2 rózsaszín vagy rubin grapefruit, meghámozva, kimagozva és apróra vágva**

2 kisebb avokádó félbevágva

1 font jumbo csomó vagy hátuszonyos rákhús

Bazsalikom grapefruit öntet (lásd a receptet jobbra)

1. Osszuk el a spenótot négy tálra. Tetejére jicama, grapefruit nyesedék és összeöntött gyümölcslé, avokádó és rákhús. Meglocsoljuk bazsalikomos grapefruit öntettel.

Bazsalikom grapefruit öntet: Egy tégelyben keverj össze ⅓ csésze extra szűz olívaolajat; ¼ csésze friss grapefruitlé; 2 evőkanál friss narancslé; ½ kis mogyoróhagyma, apróra vágva; 2 evőkanál finomra vágott friss bazsalikom; ¼ teáskanál zúzott pirospaprika; és ¼ teáskanál fekete bors. Fedjük le és jól rázzuk össze.

*Tipp: A julienne hámozó gyorsan vékony csíkokra vágja a jicamát.

**Tipp: A grapefruit vágásához vágjon egy szeletet a gyümölcs szárvégéről és aljáról. Helyezze függőlegesen egy munkafelületre. Vágja fel a gyümölcsöt részekre, felülről lefelé, a gyümölcs lekerekített alakját követve, hogy csíkokra távolítsa el a héját. Tartsa a gyümölcsöt egy tál fölé, és egy vágókéssel vágja le a gyümölcs közepét az egyes szegmensek oldalán, hogy elváljon a péptől. Tegye a szeleteket a felgyülemlett lével egy tálba. dobja el a velőt.

CAJUN HOMÁR FAROKFŐZÉS TÁRKONYOS AIOLIVAL

KÉSZÍTMÉNY:20 perc főzés: 30 perc készítés: 4 adag<u>FÉNYKÉP</u>

EGY ROMANTIKUS VACSORÁHOZ KÉT FŐRE,EZ A RECEPT KÖNNYEN FELEZHETŐ. NAGYON ÉLES KONYHAI OLLÓVAL VÁGJA FEL A HOMÁR FARKÁNAK HÉJÁT, ÉS ÉRJE EL A GAZDAG HÚST.

2 recept Cajun fűszerezés (lásd<u>recept</u>)

12 gerezd fokhagyma, meghámozva és félbevágva

2 citrom félbevágva

2 nagy sárgarépa, meghámozva

2 rúd zeller, meghámozva

2 édesköménytagyma, vékony szeletekre vágva

1 kiló egész gombagomba

4 7-8 uncia Maine homárfarok

4 db 8 hüvelykes bambusz nyárs

½ csésze paleo aïoli (fokhagymás majonéz) (lásd<u>recept</u>)

¼ csésze dijoni mustár (lásd<u>recept</u>)

2 evőkanál friss tárkony vagy petrezselyem

1. Egy 8 literes fazékban keverj össze 6 csésze vizet, Cajun fűszereket, fokhagymát és citromot. felforral; 5 percig hagyjuk főni. Csökkentse a hőt, hogy a folyadék forrjon.

2. A sárgarépát és a zellert keresztben négy részre vágjuk. Adjunk hozzá sárgarépát, zellert és édesköményt a folyadékhoz. Fedjük le és főzzük 10 percig. adjunk hozzá gombát; lefedjük és 5 percig főzzük. Egy lyukas

kanál segítségével tegyük át a zöldségeket egy tálba. tartsd melegen.

3. Minden homárfark testvégétől kezdve szúrjon egy nyársat a hús és a héj közé, majdnem a farok végéig. (Ez megakadályozza, hogy a farok felkunkorodjon sütés közben.) Csökkentse a hőt. Főzzük a homárfarkokat a serpenyőben lévő, alig forrásban lévő folyadékban 8-12 percig, vagy amíg a héja élénkpiros nem lesz, és villával megszúrva a hús megpuhul. Vegye ki a homárt a főzőfolyadékból. Fogja meg a homár farkát egy konyharuhával, és távolítsa el és dobja ki a nyársakat.

4. Egy kis tálban keverjük össze a paleo aiolit, a dijoni mustárt és a tárkonyt. Tálaljuk homárral és zöldségekkel.

KAGYLÓS KRUMPLI SÁFRÁNYOS AÏOLIVAL

EZ A FRANCIA KLASSZIKUS PALEO VÁLTOZATAFEHÉRBORBAN ÉS FŰSZERNÖVÉNYEKBEN PÁROLT KAGYLÓ, VÉKONY ÉS ROPOGÓS FEHÉR BURGONYA KRUMPLIVAL TÁLALVA. DOBJA EL AZOKAT A KAGYLÓKAT, AMELYEK NEM ZÁRÓDNAK LE FŐZÉS ELŐTT – ÉS MINDEN OLYAN KAGYLÓT, AMELY NEM NYÍLIK KI FŐZÉS UTÁN.

PASZTERNÁK KRUMPLI
1½ font paszternák, meghámozva és 3 × ¼ hüvelykes
julienne-re vágva
3 evőkanál olívaolaj
2 gerezd fokhagyma, apróra vágva
¼ teáskanál fekete bors
⅛ teáskanál cayenne bors

SÁFRÁNY AIOLI
⅓ csésze paleo aïoli (fokhagymás majonéz) (lásdrecept)
⅛ teáskanál sáfrányszál, enyhén összetörve

KAGYLÓ
4 evőkanál olívaolaj
½ csésze finomra vágott medvehagyma
6 gerezd fokhagyma apróra vágva
¼ teáskanál fekete bors
3 csésze száraz fehérbor
3 nagy szál lapos petrezselyem
4 font kagyló, tisztítva és kicsontozva*

¼ csésze apróra vágott friss olasz petrezselyem

2 evőkanál friss tárkony (opcionális)

1. Paszternákkrumplihoz melegítse elő a sütőt 450°F-ra. A felszeletelt paszternákokat áztasd be annyi hideg vízbe, hogy ellepje a hűtőben 30 percre. leszűrjük és papírtörlővel szárítjuk.

2. Egy nagy tepsit kibélelünk sütőpapírral. Helyezze a paszternákokat egy extra nagy tálba. Egy kis tálban keverj össze 3 evőkanál olívaolajat, 2 gerezd darált fokhagymát, ¼ teáskanál fekete borsot és cayenne borsot. Meglocsoljuk a paszternákokkal, és bevonjuk. A paszternákokat egyenletesen elosztjuk az előkészített tepsiben. Időnként megkeverve süssük 30-35 percig, vagy amíg megpuhul és barnulni kezd.

3. Az Aïoli Paleo-hoz keverje össze az aïolit és a sáfrányt egy kis tálban. Lefedjük és tálalásig hűtőszekrényben tároljuk.

4. Közben egy 6-8 literes fazékban vagy holland sütőben melegítse fel a 4 evőkanál olívaolajat közepesen magas lángon. Adjunk hozzá medvehagymát, 6 gerezd fokhagymát és ¼ teáskanál fekete borsot; főzzük körülbelül 2 percig, vagy amíg puha és fonnyad, gyakran keverjük meg.

5. Adjunk hozzá bort és petrezselyem ágakat az edénybe; felforral. Adjunk hozzá kagylókat, és keverjük meg néhányszor. Szorosan lefedve pároljuk, kétszer óvatosan megkeverve 3-5 percig, vagy amíg a héj kinyílik. Dobja el a nem nyíló kagylókat.

6. Egy nagy szkimmerrel helyezze a kagylókat sekély levesestálakba. Távolítsa el a petrezselyem ágakat a főzőfolyadékból, és dobja ki; Öntsön főzőfolyadékot a kagylóra. Díszítsük apróra vágott petrezselyemmel és tárkonnyal, ha szükséges. Azonnal tálaljuk pasztermák krumplival és sáfrányos aïolival.

* Tipp: a vásárlás napján főzz kagylót. Ha vadon betakarított kagylókat használ, áztassa őket egy tál hideg vízbe 20 percre, hogy kiöblítse a homokot és a szemcsét. (Ez nem szükséges a farmon termesztett kagylóknál.) Egyenként dörzsölje át a kagylókat egy kemény kefével hideg folyóvíz alatt. Körülbelül 10-15 perccel főzés előtt kimagozzuk a kagylót. A szakáll a héjból kilépő rostok kis gyűjteménye. A szakáll eltávolításához fogja meg a hüvelyk- és mutatóujja közötti zsinórt, és húzza a zsanér felé. (Ez a módszer nem öli meg a kagylót.) Használhat fogót vagy halcsipeszt is. Győződjön meg arról, hogy minden kagyló héja szorosan zárva van. Amikor a kagylók nyitva vannak finoman koppintson velük a pultra. Dobja el azokat a kagylókat, amelyek néhány percen belül nem záródnak be. Dobja el a repedt vagy sérült héjú kagylókat.

SÜLT KAGYLÓ RÉPA ÍZÉVEL

KEZDETTŐL A VÉGÉIG:30 perc elkészítés: 4 adagFÉNYKÉP

A SZÉP ARANY KÉREGÉRT,GYŐZŐDJÖN MEG RÓLA, HOGY A
TENGERI HERKENTYŰK FELÜLETE VALÓBAN SZÁRAZ - ÉS A
SERPENYŐ SZÉP ÉS FORRÓ -, MIELŐTT HOZZÁADJA ŐKET A
SERPENYŐHÖZ. HAGYJA A TENGERI HERKENTYŰKET 2-3
PERCIG PIRULNI ANÉLKÜL, HOGY MEGZAVARNÁ ŐKET, ÉS
ALAPOSAN ELLENŐRIZZE, MIELŐTT MEGFORDÍTANÁ.

1 font friss vagy fagyasztott kagyló, papírtörlővel szárazra
törölve

3 közepes cékla, meghámozva és apróra vágva

½ Granny Smith alma, meghámozva és apróra vágva

2 jalapeño szárral, kimagozva és apróra vágva (lásdtipp)

¼ csésze apróra vágott friss koriander

2 evőkanál apróra vágott vöröshagyma

4 evőkanál olívaolaj

2 evőkanál friss limelé

fehér bors

1. Olvassa fel a kagylót, ha megfagyott.

2. A répa kényeztetéséhez egy közepes tálban keverje össze
a céklát, az almát, a jalapenót, a koriandert, a hagymát, 2
evőkanál olívaolajat és a lime levét. Jól összekeverni.
Tegye félre, amíg elkészíti a kagylót.

3. Öblítse le a kagylót; Papírtörlővel töröljük szárazra. Egy
nagy serpenyőben melegítsük fel a maradék 2 evőkanál
olívaolajat közepesen magas lángon. Adjunk hozzá
kagylót; Pároljuk 4-6 percig, vagy amíg aranybarna nem

lesz, és kívülről alig átlátszó. A tengeri herkentyűket enyhén megszórjuk fehér borssal.

4. A tálaláshoz egyenletesen osszuk el a répaszeletet a tálalótányérok között. A tetejére fésűkagylót teszünk. Azonnal tálaljuk.

GRILLEZETT FÉSŰKAGYLÓ UBORKÁS KAPROS SALSÁVAL

KÉSZÍTMÉNY:35 perc hideg: 1-24 óra grill: 9 perc: 4 adag

ÍME EGY TIPP A LEGÉRINTETLENEBB AVOKÁDÓ
BESZERZÉSÉHEZ:VÁSÁROLJA MEG ŐKET, AMIKOR
VILÁGOSZÖLDEK ÉS KEMÉNYEK, MAJD NÉHÁNY NAPIG
ÉRLELJE ŐKET A PULTON – AMÍG AZ UJJAIVAL FINOMAN
MEGNYOMVA MÁR CSAK ENYHÉN ENGEDNEK. HA KEMÉNYEK
ÉS ÉRETLENEK, NEM SÉRÜLNEK MEG A PIACRÓL VALÓ ÚTON.

12 vagy 16 friss vagy fagyasztott kagyló (összesen 1¼-1¾
font)

¼ csésze olívaolaj

4 gerezd fokhagyma apróra vágva

1 teáskanál frissen őrölt fekete bors

2 közepes cukkini hosszában felszeletelve és félbevágva

½ közepes uborka, hosszában félbevágva és keresztben
vékonyra szeletelve

1 közepes avokádó félbevágva, kimagozva, meghámozva és
apróra vágva

1 közepes paradicsom kimagozva, kimagozva és apróra
vágva

2 teáskanál rántott friss menta

1 teáskanál apróra vágott friss kapor

1. Olvassza fel a kagylót, ha megfagyott. Öblítse le a kagylót
hideg vízzel; Papírtörlővel töröljük szárazra. Egy nagy
tálban keverj össze 3 evőkanál olajat, fokhagymát és ¾
teáskanál borsot. Adjunk hozzá kagylót; Óvatosan dobja
be, hogy bevonja. Fedjük le, és tegyük hűtőszekrénybe

legalább 1 órára, vagy legfeljebb 24 órára, időnként óvatosan megkeverve.

2. A cukkini felét megkenjük a maradék 1 evőkanál olajjal. egyenletesen megszórjuk a maradék ¼ teáskanál borssal.

3. Csepegtesse le a tengeri herkentyűket, és dobja ki a pácot. Szúrjon át két 10-12 hüvelykes nyársat minden egyes fésűkagylón, 3 vagy 4 fésűkagylót használva minden egyes nyárshoz, és hagyjon ½ hüvelykes távolságot a fésűkagylók között. * (Ha a tengeri herkentyűket két nyársra felfűzi, akkor azok stabilak maradnak grillezés és forgatás közben is.)

4. Faszén- vagy gázgrill esetén helyezze a fésűkagyló kabobot és a cukkini felét közvetlenül a sütőrácsra közepesen magas lángon. ** Fedjük le és grillezzük addig, amíg a tengeri herkentyűk átlátszatlanok nem lesznek, és a cukkini megpuhul. Hagyja állni 6-8 percig a kagylónál és 9-11 percig a cukkininél.

5. A salsához keverje össze az uborkát, az avokádót, a paradicsomot, a mentát és a kaprot egy közepes tálban. Óvatosan keverjük össze. Helyezzen 1 tengeri herkentyűt a négy tálalótányérra. A cukkinit keresztben félbevágjuk, és a tengeri herkentyűkkel együtt tányérokra tesszük. Az uborkás keveréket egyenletesen öntsük a tengeri herkentyűkre.

*Tipp: Ha fából készült nyársat használ, áztassa őket annyi vízbe, hogy ellepje 30 percre használat előtt.

** Grillezéshez: Készítse elő a 3. lépésben leírtak szerint. Helyezze a kabobot és a cukkini felét egy serpenyő fűtetlen rácsára. 4-5 centiméterrel levéve sütjük a tűzről, amíg a tengeri herkentyűk átlátszatlanok nem lesznek, és a cukkini megpuhul. Hagyja állni 6-8 percig a kagylónál és 10-12 percig a cukkininél.

SÜLT KAGYLÓ PARADICSOMMAL, OLÍVAOLAJJAL ÉS GYÓGYNÖVÉNYMÁRTÁSSAL

KÉSZÍTMÉNY:20 perc főzés: 4 perc készítés: 4 adag

A SZÓSZ MAJDNEM OLYAN, MINT EGY MELEG VINAIGRETTE.AZ OLÍVAOLAJAT, AZ APRÓRA VÁGOTT FRISS PARADICSOMOT, A CITROMLEVET ÉS A FŰSZERNÖVÉNYEKET ÖSSZEKEVERJÜK, ÉS NAGYON FINOMAN FELMELEGÍTJÜK - CSAK ANNYIRA, HOGY ÖSSZEÉRJENEK AZ ÍZEK -, MAJD A SÜLT TENGERI HERKENTYŰKKEL ÉS EGY ROPOGÓS NAPRAFORGÓCSÍRA SALÁTÁVAL TÁLALJUK.

FÉSŰKAGYLÓ ÉS SZÓSZ
  1-1,5 font nagy friss vagy fagyasztott fésűkagyló (körülbelül 12)
  2 nagy roma paradicsom meghámozva, kimagozva és apróra vágva
  ½ csésze olívaolaj
  2 evőkanál friss citromlé
  2 evőkanál apróra vágott friss bazsalikom
  1-2 teáskanál finomra vágott metélőhagyma
  1 evőkanál olívaolaj

SALÁTA
  4 csésze napraforgócsíra
  1 citrom szeletekre vágva
  Extra szűz olívaolaj

  1. Olvassa fel a kagylót, ha megfagyott. Öblítse le a kagylót; szárítsa meg. Félretesz.

2. A szószhoz egy kis serpenyőben keverje össze a paradicsomot, a ½ csésze olívaolajat, a citromlevet, a bazsalikomot és a metélőhagymát. félretesz.

3. Egy nagy serpenyőben melegíts fel 1 evőkanál olívaolajat közepesen magas lángon. Adjunk hozzá kagylót; Főzzük 4-5 percig, vagy amíg barna és átlátszatlan nem lesz. A főzés felénél egyszer fordítsa meg.

4. A salátához tegyük egy tálba a csírákat. Facsarjunk citromkarikákat a csírákra, és csorgassuk meg egy kevés olívaolajjal. Dobd a meccsre.

5. Melegítse fel a szószt alacsony lángon. nem főzni. Tálaláshoz tegyünk mártást a tányér közepére; A tetejére 3 tengeri herkentyűt teszünk. A csíra salátával tálaljuk.

*Tipp: A paradicsom könnyű hámozásához tedd a paradicsomot egy serpenyőben forrásban lévő vízbe 30 másodperctől 1 percig, vagy amíg a héja szét nem kezd. Vegyük ki a paradicsomot a forrásban lévő vízből, és azonnal merítsük egy tál jeges vízbe, hogy leállítsuk a főzési folyamatot. Amikor a paradicsom kellően kihűlt, lehúzzuk a héját.

KÖMÉNYBEN SÜLT KARFIOL ÉDESKÖMÉNYZEL ÉS GYÖNGYHAGYMÁVAL

KÉSZÍTMÉNY:15 perc főzés: 25 perc készítés: 4 adagFÉNYKÉP

VAN VALAMI KÜLÖNÖSEN VONZÓA SÜLT KARFIOL ÉS A KÖMÉNY PÖRKÖLT, FÖLDES ÍZÉNEK KOMBINÁCIÓJÁRÓL. EZ AZ ÉTEL A SZÁRÍTOTT RIBIZLI HOZZÁADOTT ÉDESSÉGÉT TARTALMAZZA. HA SZERETNÉ, A 2. LÉPÉSBEN FELMELEGÍTHETI ¼–½ TEÁSKANÁL TÖRÖTT PIROSPAPRIKÁVAL, KÖMÉNNYEL ÉS RIBIZLIVEL.

3 evőkanál finomítatlan kókuszolaj

1 közepes karfiol rózsákra vágva (4-5 csésze)

2 fej édeskömény durvára vágva

1½ csésze fagyasztott gyöngyhagyma, felengedve és lecsepegtetve

¼ csésze szárított ribizli

2 teáskanál őrölt kömény

Friss kapor apróra vágva (elhagyható)

1. Egy extra nagy serpenyőben hevítsünk kókuszolajat közepesen magas lángon. Hozzáadjuk a karfiolt, az édeskömény és a gyöngyhagymát. Lefedve 15 percig főzzük, időnként megkeverve.

2. Csökkentse a hőt közepes-alacsonyra. Adjunk hozzá ribizlit és köményt a serpenyőbe; Fedő nélkül főzzük körülbelül 10 percig, vagy amíg a karfiol és az édeskömény puha és aranybarna nem lesz. Kívánság szerint kaporral díszítjük.

VASKOS PARADICSOMOS ÉS PADLIZSÁN SZÓSZ

SPAGETTITÖKKEL

KÉSZÍTMÉNY:Sütés 30 perc: hűtés 50 perc: főzés 10 perc: 10 perc készítés: 4 adag

EZ A PIMASZ KÖRET KÖNNYEN MEGFORDÍTHATÓFŐÉTELBE. ADJON HOZZÁ KÖRÜLBELÜL 1 KILÓ FŐTT DARÁLT MARHAHÚST VAGY BÖLÉNYT A PADLIZSÁN-PARADICSOM KEVERÉKHEZ, MIUTÁN ENYHE BURGONYANYOMÓVAL ÖSSZETÖRTE.

1 2-2,5 kilós spagettitök

2 evőkanál olívaolaj

1 csésze apróra vágott, hámozott padlizsán

¾ csésze apróra vágott hagyma

1 kis piros kaliforniai paprika apróra vágva (½ csésze)

4 gerezd fokhagyma apróra vágva

4 közepesen érett paradicsom, meghámozva és tetszés szerint durvára vágva (kb. 2 csésze)

½ csésze reszelt friss bazsalikom

1. Melegítse elő a sütőt 375°F-ra. Egy kisebb tepsit kibélelünk sütőpapírral. A spagetti tököt keresztben félbevágjuk. Egy nagy kanál segítségével kaparjon ki minden magot és szálat. Helyezze a tökféléket oldalukkal lefelé az előkészített tepsire. Süssük fedő nélkül 50-60 percig, vagy amíg a tök megpuhul. Kb. 10 percig rácson hagyjuk hűlni.

2. Egy nagy serpenyőben hevítsünk olívaolajat közepesen magas lángon. Adjunk hozzá hagymát, padlizsánt és

borsot; Főzzük 5-7 percig, vagy amíg a zöldségek megpuhulnak, időnként megkeverve. Adjunk hozzá fokhagymát; főzzük és keverjük további 30 másodpercig. Adjunk hozzá paradicsomot; Főzzük 3-5 percig, vagy amíg a paradicsom megpuhul, időnként megkeverve. A keveréket burgonyanyomóval enyhén pépesítjük. Keverjük hozzá a bazsalikom felét. Fedjük le és főzzük 2 percig.

3. Használjon sütőkesztyűt vagy törülközőt a tökfélék megtartásához. Villával kaparjuk a sütőtök pépet egy közepes tálba. Osszuk el a tököt négy tálra. Egyenletesen bevonjuk a szósszal. Megszórjuk a maradék bazsalikommal.

TÖLTÖTT PORTOBELLO GOMBA

KÉSZÍTMÉNY:Sütés 35 perc: főzés 20 perc: 7 perc készítés: 4 adag

A LEGFRISSEBB PORTOBELLÓK BESZERZÉSÉHEZ,KERESSEN OLYAN GOMBÁKAT, AMELYEKNEK A SZÁRA MÉG ÉP. A KOPOLTYÚNAK NEDVESNEK KELL LENNIE, DE NEM NEDVESNEK VAGY FEKETÉNEK KELL LENNIE, ÉS JÓ TÁVOLSÁGOT KELL TARTANI KÖZÖTTÜK. MINDENFÉLE GOMBA ELKÉSZÍTÉSÉHEZ ENYHÉN NEDVES PAPÍRTÖRLŐVEL TÖRÖLJE LE. SOHA NE ÖNTSE A GOMBÁT VÍZ ALÁ, ÉS NE MERÍTSE VÍZBE – NAGYON NEDVSZÍVÓ, PÉPES LESZ ÉS ÁTÁZIK.

4 nagy portobello gomba (összesen körülbelül 1 font)

¼ csésze olívaolaj

1 evőkanál füstös fűszerezés (lásdrecept)

2 evőkanál olívaolaj

½ csésze apróra vágott medvehagyma

1 evőkanál darált fokhagyma

1 font svájci mángold, szárral és apróra vágva (körülbelül 10 csésze)

2 teáskanál mediterrán fűszerek (lásdrecept)

½ csésze apróra vágott retek

1. Melegítse elő a sütőt 400°F-ra. Távolítsa el a gombák szárát, és tartsa fenn a 2. lépésben. Egy kanál hegyével kaparja ki a kopoltyúkat a kalapokból. dobja el a kopoltyúkat. Helyezze a gomba sapkákat egy 3 literes téglalap alakú rakott edénybe. A gombát mindkét oldalát megkenjük ¼ csésze olívaolajjal. Fordítsa meg a

gomba sapkáját úgy, hogy a szár oldala felfelé nézzen. Füstös fűszerezéssel megszórjuk. Fedjük le a tepsit alufóliával. Süssük lefedve körülbelül 20 percig, vagy amíg megpuhul.

2. Közben felaprítjuk a fenntartott gombaszárakat; félretesz. A mángold elkészítéséhez távolítsa el a vastag bordákat a levelekről, és dobja ki. A mángold leveleket apróra vágjuk.

3. Egy extra nagy serpenyőben közepes-magas lángon felforrósítjuk a 2 evőkanál olívaolajat. Adjunk hozzá medvehagymát és fokhagymát; forraljuk fel és keverjük 30 másodpercig. Hozzáadjuk az apróra vágott gombaszárat, az apróra vágott mángoldot és a mediterrán fűszereket. Fedő nélkül főzzük 6-8 percig, vagy amíg a mángold megpuhul, időnként megkeverve.

4. Kenje meg a mángold keveréket a gomba sapkákra. A rakott edényben megmaradt folyadékot rácsorgatjuk a töltött gombára. A tetejére vágott retket.

RÁNTOTT RADICCHIO

KÉSZÍTMÉNY:20 perc főzés: 15 perc készítés: 4 adag

A RADICCHIO A LEGGYAKRABBAN FOGYASZTOTT ÉTELSALÁTA RÉSZEKÉNT, HOGY KELLEMES KESERŰSÉGET ADJON A ZÖLDEK KEVERÉKE KÖZÖTT - DE AKÁR ÖNMAGÁBAN IS SÜTHETŐ VAGY GRILLEZHETŐ. EGY ENYHE KESERŰSÉG VELEJÁRÓJA A RADICCHIO-NAK, DE NEM SZERETNÉ, HOGY TÚLSÁGOSAN ERŐS LEGYEN. KERESSEN KISEBB FEJEKET, AMELYEK LEVELEI FRISSEK ÉS ROPOGÓSAK – NEM FONNYADTAK. A VÁGOTT VÉGE KISSÉ BARNA LEHET, DE LEGTÖBBSZÖR FEHÉRNEK KELL LENNIE. EBBEN A RECEPTBEN EGY CSEPP BALZSAMECET AD EGY KIS ÉDESSÉGET TÁLALÁS ELŐTT.

2 nagy fej radicchio

¼ csésze olívaolaj

1 teáskanál mediterrán fűszerek (lásdrecept)

¼ csésze balzsamecet

1. Melegítse elő a sütőt 400°F-ra. Negyedezze fel a radicchiót, és hagyja rajta a kő egy részét (8 éknek kell lennie). Kenjük meg a radicchio szeletek vágott oldalát olívaolajjal. A szeleteket oldalukkal lefelé egy sütőlapra helyezzük. Megszórjuk mediterrán fűszerrel.

2. Süssük kb. 15 percig, vagy amíg a radicchio megfonnyad, a sütés felénél egyszer fordítsuk meg. A radicchiót tálaló tányérra rendezzük. Csepegtess balzsamecetet; azonnal tálaljuk.

CPSIA information can be obtained
at www.ICGtesting.com
Printed in the USA
LVHW020102290822
726977LV00009B/563

9 781837 520817